郑永年论中国

中国民族主义新解

郑永年◎著 陈纳慧◎译

人民东方出版传媒
東方出版社

谨以此书献给我的母亲褚凤香和

缅怀我的父亲郑堂土（1911—1997）

目录

译者序

郑永年老师的《中国民族主义新解》的英文原书出版于1999年。20年过去了，中文读者终于可以通过阅读较为全面地了解郑老师在20世纪90年代对于中国民族主义的真知灼见。

该书的翻译始于2014年我在新加坡攻读博士期间，而郑永年老师在萌生撰写此书的最初想法时，也正是美国普林斯顿大学的博士生。翻译此书前，我有幸在新加坡多次受教于中年学者郑永年，而研读此书则是我跨越时空与同龄的青年学者郑永年对话。美国与新加坡、20世纪90年代与21世纪第二个10年，两代中国留学生在西方和亚洲的异域回望母国，这种回望在时代变迁中承续同一个主题，即中国的民族主义。这种承续性是理论与现实的双重需要，反映了《中国民族主义新解》在英文版问世20年后依然所具有的生命力。在此，我仅就自己在新加坡的观察和思考对《中国民族主义新解》于后辈学者的启迪意义略作论述。

郑永年在《中国民族主义新解》一书中指出，到了邓小平的改革时代，一种不同于传统排外主义的新的民族主义在中国兴起。这一新民族主义通过界分中华文明和西方文明来强调中国性。我认为，在理论层面，此点可从两个相互关联的角度来加以理解和进一步思考：一方面，中国民族主义的核心要义由爱国主义转化为新时期的文明，意味着文明认同和民族主义在一定程度上合流了。更确切地说，当民族主义站在中华文明与西方文明之间时，对中华文明的认同和中国民族主义也就成了同一枚硬币的两面。中国民族主义对西方文明的攻讦所要建立的是中华文明域的内部认同，而这一文明域的覆盖面显然远超中国。另一方面，与其说中国新民族主义将中华文明与中国民族主义合流，不如说是要以文明思维来补充民族主义思维，以超越在民族国家的框架内思考国际关系的局限性。

在国际关系的现实层面，中华文明渗入中国民族主义的一个直接结果是，中国人在看待海外华人时更加难以辨清他们的国家认同和文明认同的严格界限，这也增加了中国国内对海外华人和他们的所在国认知的复杂性。以我研究中新关系所得的发现为例，通过将华族人口占四分之三强的新加坡囊括在中华文明的“大伞”下，中国倾向于对其采取一种以文明从属拉拢政治立场甚至赢得政治从属的外交策略。然而，在新加坡方面，对新加坡的政治认同和对中华文明的文化认同在很多情况下构成一种紧张关系。他们坚持要澄清两点。首先，中华文明不应占据新加坡文化空间的全部，它与其他文明尤其是西方文明，共同形成新加坡的文化认同。政府在推广中华文化的同时，又力图控制它在包括马来文化、印度文化在内的文化拼盘的影响力比重，以使其恰到好处地服务于建构全体新加坡人的文化认同，而不是让华族的文化认同摧毁新加坡人的文化认同。其次，新加坡的领导者再三强调要将中华文明与中国相区分。

新加坡所依从和依附的是前者，而不是后者。

由此可见，以文明为认同基础来理解现代世界政治和国际关系面临着诸多严峻的挑战，这也为中国如何借中华文明复兴的契机，在影响和定义世界秩序上发挥有效作用提出新的思考点。事实上，撇开中华文明与民族主义的界分，单就考察新加坡的文明从属本身，新加坡文明属性的秤砣往往在西方一侧。新加坡的文化和文明从属的历史发展和演变也说明，文明的影响域并不是固定不变的，它是一个不停变化的涵盖面。决定某一文明影响力的固然有其所承载的文化内容，但更重要的却是代表和代言此文明的国家实力。中西文明在新加坡这一角逐场的胜负走向，在很大程度上取决于未来中美实力的比拼结果。新加坡会越来越倾向于从属于中华文明吗？新加坡人会越来越乐于接受、学习和实践中华文化和价值观吗？如果中国真正崛起为世界强国，那么回答是肯定的。

在此译著出版之际，以上是我最想表达的观点。

最后，我要感谢为此书的翻译工作提供过协助的郑永年老师、东方出版社的编辑以及帮助寻找相关资料的同学和朋友。翻译工作的主体完成于2015年我在美国哥伦比亚大学访学期间。哥大丰富的图书馆藏和高效的馆际互借等服务为我的翻译工作提供了极大的便利。对于《中国民族主义新解》一书所引用的中文文献，我都力图寻找到原始资料以最大程度地为中文读者展现作者所要表达的原意。

陈纳慧

2019年5月于北京昌平

英文版序言

撰写一本有关中国新民族主义的专著的最初念头，是笔者在普林斯顿大学攻读博士学位期间形成的。1992 年，邓小平在视察南方谈话中强调中国应借鉴市场经济以保持经济的高速增长。视察南方谈话推动了中国经济的持续增长。国家经济实力的增强使中国民众重拾民族自豪感，也助长了他们的民族主义情绪。外界观察家开始思考中国崛起对于世界的意义，他们从历史经验推测，中国也将如同其他曾经崛起中的大国那样，对既存的世界秩序构成挑战和威胁。但不少中国人却很难理解，为何西方无视中国相对落后的现状，如此执迷于中国的崛起。

在分析中国崛起的世界影响时，应将中国国内的因素考虑在内。在与普林斯顿大学的政治学教授阿图尔·科利（Atul Kohli）讨论了笔者有关中国新民族主义的初步想法后，笔者意识到，对于像中国这样的发展中国家，国家的兴衰是何等重要。于是，笔者决定撰写此书以深入讨论这一话题。

为民族主义下定义

在有关民族主义的浩繁文献中，笔者发现很难为民族主义找到一个确切的定义，也没有哪个单独的定义可以涵纳民族主义的各个方面。具体到中国的民族主义，相关的研究亦是多层面的（Wang，1996b）。无疑，要以一项研究来讲清楚中国民族主义的各个层面，是很困难的。在此书中，笔者将重点放在民族主义作为国家认同的特性以及它如何影响了中国人对中国国际地位的认知上。

顾名思义，民族主义与“民族”有关。民族同样是一个很难定义和解释的概念。一部分学者在阐释民族主义时，通常避免使用“民族”一词。查尔斯·蒂利（Charles Tilly，1975 :6）指出：“在政治学词典中，民族是最令人困惑也是主观色彩最浓的概念之一。”

他更愿意使用“国家”一词。但国家与民族显然并不能等同，如林蔚（Arthur Waldron，1985 :417）所言：“‘民族’拥有一些‘国家’所不具备的东西：那就是‘民族主义’所蕴含的无可比拟的情感、热情和合法权利。”这是因为，民族同时具备语言、宗教和共同的血统这样的客观特性，以及以民族意识和情感为代表的主观特性（Kellas，1991 : 2）。

围绕着民族国家这一概念，民族主义的定义也千变万化，但它的主要内容还是清楚的。民族主义包含两个重要层面：机构和认同。首先，民族主义最终要通过机构表现出来。尤其是在国际关系中，个体的民族主义情感或观念，在被组织起来之前是无足轻重的。在现代民族国家体系中，最重要的机构就是国家。如克劳福德·扬（Crawford Young，1976 : 72）所言：“只有现代国家才能成功表达民族主义。”其次，民族主义事关归属感和认同感。民族认同不应与种族、族群、文化、语言、宗教等认同相混淆。民族认同归属于某一特定的民族国家。杨（Young，1976 : 71）指出：“民族主义是一种有关认同的意识形态。通过将民族规定成归属感的终极指向，民族主义向民族赋予无上的精神权力。民族主义是一种深邃的政治学理论；它主动地为民族这一共同体承担义务，而非仅仅是被动地处于从属的位置。”在极端情况下，民族认同表现为“人民愿意为了他们的民族而牺牲生命”。（Kellas，1991：3）

民族国家与民族认同是民族主义的两个方面，它们相互联系。欣斯利（F. H. Hinsley）提出，可以把民族主义理解为：

> 一种将政治归属感投向民族的观念。民族主义从无到有，并不是因为人们的政治归属感从无到有。政治归属感一直都存在，只不过它之前投向其他形式的组织，如今转向了民族。变化的并不是政治归属感本身，而是它所归依的对象和表现它的对象（Hinsley，1973：19）。

确实，是现代国家的出现和发展产生了民族认同。欣斯利指出：

国家的兴起将政治归属感的对象提升到国家层面。在氏族、部落、部落联盟乃至城邦这样的政治共同体中，社会结构相对简单，都不足以产生国家运行所需的行政准则。在对外交往中，也不会有国家以这样的准则来要求它们（Hinsley，1973：28）。

此外，民族主义也包含了国际层面。中国民族主义与中国人对中国国际地位的认知有关，它涉及中国的主权、独立和与他国的关系。民族主义对于民族国家体系和国际社会的重要性毋庸置疑，因为它意味着“世界被分成或应该被分成各个民族，民族是主权国家的唯一合法基础，也是政府权威的根本来源”（Mayall，1991：2）。在詹姆斯·梅奥尔（James Mayall）看来，主权的原则对民族国家意义重大。首先，只有主权国家之间相互承认主权，才能使国际问题的解决具有合法性。第二，任何一个国家的主权都是唯一的。主权国家间所达成的协议和共识，由各主权国自我监管或共同监管。第三，从人们狩猎、农耕和去工厂做工的地方到他们实现政治生活最高目标的地方，主权原则都普遍适用。最后，主权原则是对他国国内事务的不干涉原则。否则，主权国家之间很难达成共识。国家作为民族的代表，将本民族与世界连接起来。在现代社会，只有民族国家才能使文化、种族、语言等民族主义的要素在国际体系中产生重要作用。

致谢

在本书写作过程中，我获得了许多学者的特别指导。我非常感谢王赓武先生，他读了两遍我的手稿，并为我提供了有益的批评、坚定的鼓励以及他自己的有关中国民族主义的知识。同时也非常感谢 Peter Katzenstein，他对我形成从世界政治视角来观察民族主义的方法论观点提供了重要帮助；还有 Benjamin Schwartz，他鼓励我从历史的角度审视中国的新民族主义。

非常感谢 Paul A. Cohen、Eric Heginbotham、黄亚生、刘晓源、Ido Oren、Robert Ross、Etel Solingen、吴国光、Ashutosh Varshney、王小冬和黄朝瀚的点评和建议。感谢来自剑桥大学出版社的两位匿名推荐人，他们给予了我有关国际政治方面建设性的意见。还要感谢黄山奇、邱泽奇、傅高义（Ezra Vogel）、

James L.Watson 和王志广所提供的经常性帮助。

感谢剑桥大学出版社“亚太研究丛书”的编辑 John Ravenhill 鼓励我把这本书稿提交给这套丛书。我还想感谢剑桥大学出版社编辑们的有益支持，尤其是 Phillipa McGuinness，从书稿的初审直到书的出版，她都参与其中。还有 Paul Watt 和 Edward Garuso，他们在手稿编辑方面付出了巨大的努力。我还要感谢 Russell Brooks 为本书准备了索引。

最后，我要感谢很多机构的支持，正因如此，本研究项目才可能顺利进行。非常感谢社会科学研究会/麦克阿瑟国际和平与安全研究基金提供的研究经费。我还要感谢哈佛大学东亚研究中心和新加坡国立大学东亚研究所。傅高义先生领导下的费正清中心（Fairbank Center）为我(以及其他许多中国学者)提供了一个有益的知识环境，而王赓武先生领导下东亚研究所（East Asian institute）在世界上商业化程度最高的城市之一的新加坡，为我提供了一个有益的学术场所。最后，非常感谢东亚研究所图书馆工作人员对我的帮助。

第一章

在中国发现中国民族主义

民族主义在中华人民共和国内的兴起，是 20 世纪末国际关系领域最重要的事件之一。这股民族主义浪潮伴随着中国经济的高速发展、军备预算的增长、军事的现代化及在国际事务中自信心的树立而来。这一新兴的民族主义之于国际关系有何意义？又该如何应对它？塞缪尔·亨廷顿（Samuel Huntington，1995）相信，除非中国成为民主国家并且被纳入世界体系中，否则它将一如 20 世纪 30 年代羽翼渐丰的德国般危险。詹姆斯·库尔思（James Kurth，1996）亦担忧，到了 21 世纪上半叶，中国将在军事和经济上对美国构成严重的威胁，并殃及国际安全和经济秩序。正如 1866 年后德国的崛起打破了欧洲的平衡，中国经济在 1978 年后的高速增长及近几年中国军备现代化这两重因素，使得亚洲的商业贸易和势力均衡岌岌可危。自20世纪90年代初起，西方出现了“中国威胁论”“遏制中国”等各式理论。

然而，这些理论的形成只是基于一部分西方人的视角。中国的民族主义真的具有侵略性吗？它对世界和平尤其是东亚安全构成主要威胁吗？中国应该被遏制吗？对于西方的许多人来说，中国的民族主义，正如历史上的日本和德国等其他主要国家的民族主义，是危及世界和平和安全的不稳定因素，因此必须加以遏制以维持世界和平的现状。这些充满敌意的西方观点反过来又进一步激化了中国的民族主义情绪。

中国的民族主义在很大程度上被误解了。这些误解无疑促成了中国政府所谓的“反华”理论在西方的出现。事实上，“中国威胁论”“遏制中国”等“反华”理论在西方相当具有争议性。虽然不少人认为中国日益增长的实力正构成潜在威胁，却也不乏反对此观点的声音。许多因素促成了民族主义在中国的复兴，其中包括中国国内的高速发展及其带来的中国国际地位的复归。苏联和其他东欧社会主义国家相继瓦解，中国经济却已成功保持了高速增长。

普通中国人的生活随着国家的发展日新月异。他们为此重拾的强烈民族自豪感，丝毫不亚于 1949 年毛泽东宣布中华人民共和国成立那一刻中国人所感受到的。随着时代的发展，建构一种新的意识形态势在必行。基于此，中国的当政者自然乐见民族主义的复兴。若运用得当，它可以为执政者提供执政合法性的依据。为了避免意识形态缺失所引发的危险，中国领导层时时有意识地求助于民族主义为其保驾护航，这种以中华传统为底蕴的新型民族主义可以为中华民族的一统提供理论基础。

但是西方尤其是美国的很多人并不这么看。他们将中国崛起视为对现存国际体系尤其是美国在亚洲利益的挑战。自苏联解体以来，美国将中国视为潜在的劲敌早已不是什么新鲜事了。不少美国人坚持认为，美国须善加利用台湾、香港、西藏、南海、人权、最惠国、世界贸易组织、军售等各种问题来遏制中国。

“反华”理论的大肆传播在不少美国人的认知中植入了中国的妖魔化形象。1994 年末的一项民意调查显示：57%的美国民众将“中国崛起为世界强国”视为对美国的“严重威胁”，比1990年40%的比例有所增长（John E. Rielly，1995；引自*The Economist*，1997a）。另据1997年8月的一项民意调查结果，美国人普遍认为中国并不友善，甚至是敌人。[①]

在太平洋的另一边，中国人目睹了美国如何从20世纪80年代的“朋友”转变为90年代的“敌人”：它向李登辉发放签证以促进美台关系升温；它差一点通过了向西藏派驻大使的决议，此项决议一旦通过，就意味着美国承认西藏是独立国家。中国人看不出最惠国待遇和人权政策之间有任何丁点儿的实质性联系，他们所看到的是，美国利用人权政策为其现实政治服务。中国竞选2000年奥运会主办国时，美国对中国发难，这一行为惹恼了中国的普通民众。一名美国观察家指出：“在过去的5年中，很多关注国际局势的中国人已然从对美国的过度美化

---

① *The Economist*（1997b：22）（October 25）。亦见*The Economist*（1997b：29–30）（March 29th）。

中清醒过来，他们意识到美国决心树中国为敌。”（见Overholt，1997：5）在此种背景下，在中国知识界，针对西方尤其是美国的民族主义如此盛行，也就不难理解了。畅销书《中国可以说不》和《妖魔化中国的背后》正反映了这一现象。[①]另有一篇文章将美国当下的反华情绪比喻为其20世纪50年代的麦卡锡主义，这篇文章曾发表在官方英文报纸《中国日报》上。值得注意的是，民族主义情绪在美国院校的中国学者与留学生中也并不鲜见。

误解和民族主义往往彼此强化，很容易酿成悲剧。照这种情势，中美之间打一场新的冷战也并不是毫无可能。事实上，无论是在西方还是在中国，都有不少学者认为另一场冷战正在迫近。如欧伟伦（William Overholt）所言：

> 第二次冷战越来越难以避免。中美间的敌意不仅体现在两国的国家政策上，也深植于两国人民的

① 宋强、张藏藏、乔边（1996）；李希光、刘康等（1997）。另见何新（1996）；陈锋等（1996）。

观念中。中国在美国人眼中充满危险、尚武好斗又具有侵略野心，中国人则认为美国想方设法要打压中国复兴。这些偏见显然远非事实，却已在双方心目中根深蒂固（1997：4）。

对中国政策的恰当解读，必须建立在对中国民族主义的正确理解上。通过细致审视国人视角下诸多重要的国内外议题，本书试图探究在中国转型时期应运而生的新民族主义的本质和它对外部世界的意义。若要依西方所愿使中国崛起，进而起到促进国际和平的作用，必须搁置对民族主义和中国民族主义旧有的西方解读，在中国语境下重新解读中国民族主义。

一、现实主义、自由主义与中国民族主义

西方对中国民族主义的误解根植于其流派繁复的国际关系理论，这些理论又是根据他们的国际关

系经验而来。在众多理论流派中，现实主义和自由主义对西方人理解中国民族主义于国际社会的意义的影响最为显著。

现实主义将现实简化，从而使国际地缘政治和势力结构一目了然。它将大国崛起解释为结构驱动现象。国家间经济增长率的差异和国际无政府状态两个因素的互动，决定了大国是否会崛起。经济发展的起伏，使得各大国在时间长河中兴衰交替。罗伯特·吉尔平（Robert Gilpin）提出："体系中不同国家实力增长的差异导致了权力再分配。"保罗·肯尼迪（Paul Kennedy）也指出："国际事务中主导国的相对实力从来都不是一成不变的，主要是因为各个国家间的经济增长率不同，它们从技术和管理上的突破所沾享的福利也不尽平衡。"相对高的增长率使新的大国崛起，"终有一天它们会在军事和区域秩序中获得决定性的话语权"。经济的迅速发展使崛起中的国家对现状不满，因此要求重新划定势力范围。如吉尔平（1981：95）所言，非均衡增长率的意义在于"它改变了重整国际秩序的成本，成本的改变又影响了挑战旧秩序的动机”。促使大国崛起的另一个因素是国际无政府状态。肯尼思·华尔兹（Kenneth Waltz，1979）指出，国际体系是一个自助系统，各国须各自照看生存和安全问题。克里斯托弗·莱恩（Christopher Layne，1993）认为，在国际体系这个角逐场，每个国家都必须致力于增强本国实力以防受到戒惩。

依现实主义的观点来看，中国民族主义的重现归因于冷战的结束。冷战的结束“使得东亚内部之前被抑制的固有矛盾浮出水面”，并形成了“权力真空”的局面。饶义（Denny Roy）对“权力真空”做出如下定义：

> 随着往昔的霸权国渐渐失势，区域内至少有一个曾受其牵制的国家开始试图扩张势力……权力真空意味着新的霸主将崛起以取代没落霸主。新的霸主或许不如鼎盛时期的没落霸主，但足以傲视区域内的其他任何国家（1995）。

中国的现代化和经济的高速增长催生了新民族主义，也很有可能使中国有能力来填补这种权力真空。有学者指出，中国的民族主义将改变东亚的权力分配，对区域安全构成重大威胁。饶义认为：

中国从一个发展中的弱国成长为一个繁荣的强国，势必要推行更为强硬的外交政策……经济实力的增强使得中国更有能力控制其周边环境，同时又使这种控制的成本降低。富起来的中国将以大国姿态在区域立足：中国会更大胆地争取利益，也会对与区域内其他主要国家合作有所保留（1994）。

此外，还有学者认为中国的传统文化加剧了中国日益增长的实力对世界和平构成的威胁。早前，外交史家如费正清（John Fairbank，1968）曾指出，“天朝综合征”影响着中国的现代外交政策。老一代中外学者一致认为，中国传统文化与现实主义相悖，它对战争和暴力的理解与其他文化有着天壤之别。儒家传统爱好和平。中国人鄙弃直接施加暴力而看重计谋、策略和其他心理战术，这就是孙子所谓的“不战而屈人之兵”。但对国外新一代学者来说，传统中国对于武力的理念正好与西方的“现实主义”相洽。基于对中国古代兵法典籍和明朝历史（1368–1644）的研究，江忆恩（Alastair Iain Johnston，1995）提出，中国的现实主义并不是一般所认为的简单的实用主义和权宜之计，而是体现了中华文化本身。这是一种极端现实主义的战略文化，这种文化“将动用武力视为消除安全隐患的最有效手段”。因为中国的现实政治行为根植于这一战略文化中，推动中国使用武力来解决安全问题的“不是无政府国际结构所产生的自卫动机，而正是这一战略文化”（Johnston，1995）。战争被认为是国际关系中相对恒常的要素，与对手的冲突是一种零和博弈，而纯暴力则是最有效的解决敌人潜在威胁的手段。

自由主义者认为民主国家间不会发生战争。那些由自己的公民来选择领袖的国家更倾向于和平共处。无论在贸易还是外交上，它们都是更可靠的合作伙伴。相反，一个经济高速发展的威权政体则很可能成为世界和平的重要威胁。欧洲的和平正是由于大多数欧洲国家是稳定的民主国家，社会和经济分层现象相对不严重，亚洲的情况则并非如此。首先，财富和收入分配均衡的稳定的民主国家在亚洲少之又少。其次，亚洲的政体类型也更为多样化，包括朝鲜的斯大林体制，东南亚的现代民主与传统威权并存的体制，澳大利亚和新西兰的自由民主制，以及中国的有中国特色的社会主义制度。

自由主义者也相信国际组织可以促进国际合作，降低某些国家单方面发起军事行动的可能性。然而，亚洲国家间的经济依赖关系不如欧洲国家间那么密切，也很少有强大的区域组织为泛亚合作提供平台或牵制像中国这样的大国的崛起。

更重要的是，中国无意加入多边安全协议，这是因为：

> 中国人相信任何关系都不是长久的，因此保持独立和使自由度最大化尤其重要。联盟和约束性承诺限制行动自由、妨碍独立，因此须加以避免……此

外，结盟国通常是不可信的，它们打着自己的算盘，操纵中国以满足一己之利，而这往往使中国陷入与这些国家的敌对国的争端中（Shambaugh，1994：45）。

该如何对付中国？现实主义者和自由主义者都主张设计一个宏观战略以应对中国的崛起。然而，由于两派对“中国威胁”的看法存在差异，他们所设计的战略也不尽相同。现实主义者主张抑制中国民族主义的复兴，牵制其国家实力的发展。他们的观点体现在“遏制中国”的讨论上。他们力争通过控制贸易和技术输出等手段从经济上孤立中国，遏制其发展，以符合美国和其他亚太国家的利益。

柯翰默（Charles Krauthammer，1995：72）提议，瓦解中国应成为美国对华政策的目标。美国应在“公众场域”继续敦促中国尊重和重视人权。美国传统基金会根据中国在人权、安全和经济等一系列方面的表现，将其判定为“藐视国际行为规范”的无赖国家，并建议“美国必须使北京清楚地认识到，中国的表现为整个国际社会所不容”。

《经济学人》杂志（*The Economist*，1995）言称，遏制中国“并不是要让西方国家像曾对待过苏联的那样，用核武器将中国大陆包围”，而应该形成统一战线“渐进地……与台湾加强联系”。现实主义派别还提议，西方可以通过鼓动中国的地方主义来削弱其中央政权，并策划一套旨在更大程度上承认中国各省和地区的行政自主权为基础的经济接触，以使地方上对其自主地位和与外界交往的能力更为自信。

杰拉尔德·西格尔（Gerald Segal）还提出，遏制中国的最好办法是使其融入国际体系，因为“中国融入国际社会越深入，它的愤懑情绪就越有可能得到疏解，它使用武力来解决争端的可能性也会降低”。

不同于现实主义者，自由主义者则坚信，经济的持续增长和文化进步最终会使中国走向民主化。美国副国务卿斯特罗布·塔尔博特（Strobe Talbot，1996：57）基于其他东亚国家的政治发展经验总结道：“从长期来看，经济发展和政治专制必定是不相容的，特别是在被通信和贸易密切联系起来的当今世界。随着人们收入的增加、视野的拓展，他们对政治参与权和法治的要求会更为迫切。”美国总统比尔·克林顿（Bill Clinton）在他第二届任期的第一场新闻发布会上也指出，随着外界资讯的涌入，社会发展和经济发展将共同推动自由精神的发扬。中国无法逆民主潮流而行，正像柏林墙终究还是要倒塌一样。基于这一关于自由精神的假设，美国提出了将中国纳入现有世界体系的接触战略。然而，这种接触是有条件的，中国必须首先接受现有国际规范和机制，西方国家才会考虑接纳它。

无论是现实主义还是自由主义，都没有抓住中国新民族主义的本质。他们对中国新民族主义和其对国际政治的影响的误解只会使它火上浇油。同时，在民族主义情绪的驱动下，中国人也时常误解美国的对华政策。确实，西方对于中国民族主义的误解很有可能成为它走向激进化的主要因素。

爱德华·萨义德（Edward W. Said）在他的《东方学》（*Orientalism*）中讨论了当西方学者试图探究非西方文化时，是如何产生误解的。在萨义德看来，现实和被呈现的现实之间并无简单的一一对应关系。

这是因为："所有呈现，正因为它们仅仅是一种呈现，都首先植根于表述者的语言中，其次又受表述者所处的文化、制度和政治环境的影响。"同样，保罗·柯文（Paul Cohen）也认为："对于研究中国历史尤其是晚清以来的这段中国史的美国学生来说，最大的问题就是种族中心主义的偏见。"确实，萨义德在中国知识界颇具威望，他的东方学也成了中国知识分子建构抵制西方的民族主义话语的理论武器。但这并不意味着必须依循萨义德的理论来阐析本土观念中的中国民族主义。在阐释异域文化时，种族中心主义所带来的偏见固然不可避免，但将这种偏见最小化却是可行的。柯文（Cohen，1984）指出，以中国为中心的方法的最主要特点是，"它立足于源自中国的中国问题，这些问题可能受到西方的影响，也可能正是由西方所造成。抑或，这些问题不管是从其所处的场域和影响的人群，还是衡量其历史重要性的尺度两个层面来看，都是中国本土的而非西方的"。

柯文进一步阐释了中国中心法的四个特点：

- 它的中国历史始于中国而非西方，并以本土的（中国的）而非外来的（西方的）标准来评判历史事件的历史意义。

- 它将中国“水平地”划分为区域、省、地级市、县和乡，由此产生了区域史和地方志。
- 它也将中国社会“垂直地”分层，促进了民间和非民间的关于较低阶层的历史书写。
- 它将其他学科的理论、方法和技术引入史学，为历史分析所用（Cohen，1984）。

以中国视角来理解中国新民族主义，要求在中国发现中国民族主义并“挖掘”出它的内在动因，这是西方视角所无法做到的。同时，这也要求通过分析中国民族主义的形成，它的变与不变，为何变以及如何变来识别它的要义。但这并不意味着各种西方视角对于理解中国新民族主义没有助益。而是说，不能用它们来“建构”或想象中国民族主义。因此，我的研究可以说是要破除这种“建构”，展现本土视域里的中国民族主义。

二、国家认同与对外行为

国家认同如何与中国的对外行为发生联系呢？近期关于国际事务尤其是国家安全的文献，超越了传统的权力和国家利益视域，将目光投向文化和身份认同这些社会学的分析因素。这些研究证明了文化对国家内外行为具有重要影响。人们根据安·斯威德勒（Ann Swidler）称之为习惯、技能和风格的“工具箱”来建构行动策略，文化规范和身份认同因此而得以影响个体行为。换句话说，规范通过给行为提供组织形式而非限定行为本身来塑造行为。它们根据经验来创造解读习惯和行动指令。此外，重要的不仅是政治行为人对于塑造他们的兴趣和行为的社会规范的依从性，也包括行为人（再）阐释他们的身份并据此（再）定义他们的兴趣和行为的能动性。

民族主义是一种集体认同。可以从多种角度来研究中国民族主义的心理或“观念”基础——国家认同——及其对中国的国际关系或对外决策的影响。长久以来，文化、观念、身份认同和个体认知对于中国外交政策的影响受到中国学者的关注。马克·曼考尔（Mark Mancall，1984：xvii）写道："那些根据指导他们日常生活的世界观来定义这个世界和他们自己的人，制定和施行了政策。外交决策者的理性假设、感性偏好、认知地图和知识结构都基于流行于他所处的社会的世界观。"饶济凡（Gilbert Rozman）、艾伦·怀廷（Allen S. Whiting）和沈大伟（David Shambaugh）的著作研究了精英阶层对于某国的观念如何影响了中国对此国的外交政策。

例如，为了研究中国对日政策的变迁，怀廷锁定中国精英阶层和普通大众，发现了两种截然相反的日本印象。正面印象将日本视为中国现代化应该效仿的对象，反面印象中的日本则是历史上残酷的敌人和侵略者。通过细致的研究，怀廷得出了与现实主义的观点相反的结论。现实主义一般认为，20世纪80年代以后的中国外交政策基于对国家经济和战略利益的理性追求。怀廷则发现，中国知识精英和学生对于日本的无知、误解、错觉和不信任，成为阻挠中日合作和中日关系稳定发展的重要障碍。

通过研究关于中国对苏维埃社会主义的观念变迁的学术文章，饶济凡试图探究 1978—1985 年期间“中国对国内外重要敏感问题的看法”，以及相应的外交决策的内部机制。同样，沈大伟关注中国的“美国观察家”如何转变对美国的看法，发现中国的精英阶层对美国的观念依然受到马克思列宁主义世界观的深刻影响。这些研究都表明，了解中国精英阶层的世界观能增进我们对中国对外政策和国际行为的理解。

江忆恩等人最近的研究强调了观念对中国外交行为的作用。江忆恩的研究显示了中国的战略文化如何在不同历史时期左右决策者的对外行为。在他们合编的关于中国国家认同的文集中，罗德明和塞缪尔·金（Lowell Dittmer & Samuel Kim）在中国对外关系的语境下讨论了这一集体身份认同，指出蕴藏在中国国家认同中的，是一种独特的国际使命感。此书的编者和作者都发现，中国的传统，不论是诸如传统文化和价值的“大传统”，还是中国共产党的文化那样的“小传统”，都在塑造改革开放以来的中国国家认同中扮演了重要角色。值得注意的一点是，国家认同已经变得多样化。爱德华·弗里德曼（Edward Friedman）也观察到了这一点，并将这一特点提炼为一个概念："去国家化。"它的意思是说，20 世纪 80 年代以后的改革使中国社会多元化，因此弱化而非强化了国家认同。弗里德曼认为中国已然存在两种不同的国家认同，即，北方认同和南方认同。他暗示，北方的沙文主义国家认同造成了中国寻衅好斗的民族主义。

这些学术成果丰富了关于中国国家认同和中国民族主义的研究，但也忽略或忽视了另一些重要方面。第一，中国国家认同和民族主义的变化并未引起足够重视。一些学者过于强调中国国家认同的延续性。诚然，新的国家认同必然建立在民族主义的旧有框架中，但也会随着中国国内外环境的变化而发生相应的改变，以适应全球竞争。换句话说，观念因素对中国对外行为有重要影响，而观念本身也在不断变化。不重视观念的变化，也就无法更好地理解中国对外行为的变化。

第二，各种机构，尤其是国家，在重构新的国家认同感和民族主义中所起的作用被低估了。不少学者注意到20世纪80年代以后的改革产生了像区域主义和族群主义这样的地方身份认同。但地方认同和国家认同并不必然相互排斥。国家认同并不是被地方主义削弱的，以马克思主义和毛泽东思想为基础的共产主义国家认同，是随着这一基础的衰落而走向末路的——这正是国家和其他社会和政治组织努力构建新的国家认同的理论依据。大多数学者认为，身份认同的转变和公民社会的兴起，会削弱国家权力和人民对国家权力的认同，但他们低估了改革所带来的新的认同感，以及国家和其他组织所付出的加倍努力，来将这种新的认同感整合入民族主义。

第三，虽然国家认同呈现多样化，但是有着不同国家认同的不同群体如何影响中国的对外政策，却是另外一回事。新民族主义和中国外交政策之间的联系也须再度细审。本书意在探讨中国国家机器和其他社会组织如何再建构新的国家认同，以及这一再建构对中国在国际上的自我认同的影响。

在近代关于民族主义的研究中，国家和其他机构在塑造民族主义中所起的作用得到重视。欧内斯特·盖尔纳（Ernest Gellner）以工业化的逻辑来解释民族主义的形成。由于社会力量分散、社会组织不成体系的前工业社会无法自发形成工业社会所需的均质可流动的劳动力，国家便通过控制教育来生产这些工业社会必备的劳动力。当个体的基本身份归属感由分散的社群转向民族国家，民族主义便产生了。它通过国家权力为社会的工业化提供语言沟通条件和一致的文化。盖尔纳强调国家的功能属性，本尼迪克特·安德森（Benedict Anderson）等学者则更重视民族主义的主观特性。安德森（Anderson）将民族主义视为“想象的共同体”，另有一些学者则致力于探索民族传统的“虚构”性（Hobsbawn & Ranger）。

国家和其他机构通过转变或重建它们的文化或认同以适应变化中的国内外环境。一方面，这些认同的转变对中国的国际关系作用显著；另一方面，中国所面临的国际环境的变化，也对其国家认同产生了重要影响。国际政治方面的著作揭示了国内政治和国际政治如何相互联系。自从詹姆斯·罗西瑙（James Rosenau）在几十年前开启了“关联政治”的研究，学界对此有着密切关注。以卡尔·多伊奇（Karl Deutsch）和厄恩斯特·哈斯（Ernst Haas）为代表的区域一体化学派，特别强调国内政治对国际事务的影响。不同于区域一体化学派对外交决策中的国内因素的关注，另有一些学者强调了国际经济对于国内政治和经济政策的影响。还有些学者如罗伯特·基欧汉和约瑟夫·奈（Robert Keohane & Joseph Nye）强调相互依存性和跨国主义。彼得·卡赞斯坦（Peter Katzenstein）和斯蒂芬·克拉斯纳（Stephen Krasner）不仅指出了国内因素之于对外经济政策的作用，还强调最高决策者同时受到来自国内和国际两方面的压力。罗伯特·帕特南（Robert Putnam）和其他学者（Evans，Jacobson & Putnam）试图以政府代理人在联结国内外政治所起的作用为突破口，建立一种更加灵活有效的国内—国际关系的模型。

虽然上述的大部分学者都没有直接触及民族主义，他们丰富多样的研究方法和视角，有助于分析中国新民族主义的兴起及其对世界的意义。在此，有三点值得指出：其一，既然认同影响行为，新民族主义的意义须根据变化中的国家认同和国际认同来解读。其二，国家认同和国际认同随着中国国内外环境的变化而变化。因此，在解读中国的新民族主义时，不能脱离开国内外环境的背景。此外，随着中国与世界的相互依存性与日俱增，他国的对华政策和对华战略将对中国的国家认同和国际认同产生越来越大的影响。其三，为了适应变化中的国内外环境，国家认同和国际认同也会相应地做出改变。改革已经从根本上改变了中国的民族主义。从共产主义民族主义到新民族主义，国家及其他主要的社会和政治力量对中国的国际地位有了新的认识。

三、中国问题和民族主义

新的民族主义关乎国家、国家认同和国家主权，须放在中国国内外形势发展的背景下进行分析。从国内情况来看，中国正经历着一场社会、经济和生态的彻底转变，这些转变为中国新的国际地位奠定了基础。从外部环境来看，中国所处的全球体系也发生了结构重组。国内外的双重转变催生了新民族主义的兴起。就此而言，新民族主义有几重含义。首先，它关乎中国国家机器应该如何及能够如何被重塑，以顺应国内外形势的变化。其次，它关乎国家主权和中国人民对中国在世界民族国家之林中应有的地位的认识。最后，它关乎中国人民对与中国国家利益相符的“公正合理的世界秩序”的看法。

据王赓武看来，中国民族主义具有多面性，它的关切包括中国的政体、国家主权的复归、国家统一、民族自尊心、道德秩序及传统价值观的存续和发扬。他进一步阐明：“我称之为民族主义的恢复，它包括保存和更新两个层面，怀着对美好未来的展望，它更直接地维系于对辉煌往昔的信念。”回顾中国近代史，每当以上所提及的方面（即，国家权力、国家认同和国家主权）出现问题，民族主义就往往成为一种解决方案。

中国人用内忧外患来形容中国作为民族国家所遭遇的严重危机。内忧和外患相互联系。一个中央羸弱的分裂国家通常比较容易遭到外族入侵。因此，强有力的中央是中国成为独立自强的民族国家的前提。“中国问题”因而处在中国国内政治和国际环境交织的网络上，民族主义也正是在这一双重背景交织的网络上呈现出意义。

内忧外患贯穿着中国的近代史，这些危机的解决需要一个强势政府。这表现在以下几方面：第一，西方的入侵恰逢王朝的没落。中央权力的萎缩、地方势力的崛起以及重建新皇权努力的失败，说明王朝这一传统国家形式已经走到了穷途末路。这一切遵循着“王朝循环”的铁律，并非西方入侵的结果，但西方入侵确实加速了旧的政治体制的瓦解。

第二，西方势力的入侵使中国渐渐沦为半殖民地社会。半殖民地化使中国在内政外交上都面临国家权力的危机。此外，它迫使中国步上现代化道路。现代西方制度和观念涌入中国，影响中国的发展方向。

第三，革命成为近现代中国的主题。所有这些革命的目的都是为了建立一个新的政权。于中国人而言，只有革命方能摧毁存续了数千年的旧的社会经济和政治结构，为新国家的建立铺平道路。各种政治派别都认为，革命是实现他们理想中的新政权和强大的中国的最有效方式。

半殖民地化启动了中国的现代化。从这一意义上讲，中国深深地依附于西方。在许多中国政治精英看来，西化和现代化是同一的；西方是中国现代化的参照标准，也只有通过西化，中国才能成为一个强大的民族国家，拥有与他国平等的权利。

然而，现代化和西潮的涌入都无可避免地在中国掀起了矛盾的民族主义情绪。一方面，中国的统治者对师夷长技的效果心服口服；另一方面，中国在与西方的争战中节节败退，被迫签署了一系列屈辱的不平等条约。

故此，反中国传统与排外主义、反西化与西化成了两对矛盾的孪生体。

在西方势力入侵之前，中国在与少数民族的频繁接触中形成了文化民族主义，汉文化从未在真正意义上受到过挑战。少数民族以其自有的方式统治中国的尝试从未成功；相反，他们往往最终被汉文化所同化。几个世纪以来，中国人坚信他们的国度是中央帝国且疆域无边。这一世界观反映在朝贡体系上。西方的入侵打碎了中国人对于国家权力和世界秩序的既有观念，他们感到中国这一文化共同体正面临危境。正是在这一背景下，中国开始了现代化，也产生了现代民族主义。现代化和民族主义的共同目标是求得民族生存和建立强大的国家。

中华民国的创建者孙中山所提倡的民族主义以民族生存为主题。在孙中山看来，民族主义的首义是确保饱受外族蹂躏的中华民族能够存活下去。他指出，中国民族主义有多层含义。首先，由于自秦汉以来中国就是由单一种族发展而来的单一国家，民族主义等同于国家主义。其次，民族主义是中华民族生存和发展的第一要义。最后，民族主义要求各种族平等，是中国重获自由和与他国平等的地位的途径。纵观中国近现代史，“强国梦”是萦绕几代民族主义者的心结。实现这一梦想和目标的努力一旦遭遇挫折，民族主义便应势而起。

从这一角度来看，20 世纪 80 年代以后民族主义的兴起，并不仅仅是中国经济迅速增长和国力增强的结果。更重要的是，它是对 20 世纪 80 年代以后所浮现的“中国问题”的反应。新民族主义可以在中央权力衰落、国家认同感淡化、事实上或观念上的外部威胁等等“中国问题”中得到解读。也正是围绕着这些问题，中国的民族主义者建构起他们的民族主义话语。

受外国列强欺凌的历史使中国人明白一个道理：中央弱则国家难强，抵制他国欺凌的唯一办法就是建立强势中央。此外，毛泽东的“政治挂帅”战略可以动员所有的国内资源，使中国尽快赶超西方发达国家，防止再度沦为他国的欺凌对象。这些观念直到邓小平复出后才得以转变。邓小平对于国际政治有着更为现实的看法，他认为经济实力才是国家地位的基础。他指出，中国能否在世界民族之林中占得一席之地取决于中国国内发展情况。邓小平之前的国家领导人将国家统一视为中国富强的基础，但邓小平提出，国家能否统一取决于中国能否赶上发达国家。也就是说，成为富强的国家是中国实现统一大业的先决条件。虽然邓小平并未放弃“政治挂帅”的原则，但他强调经济优先的原则，即政治服务于经济，他坚持要求那些无法推动经济现代化的官员必须下台。邓小平的“经济挂帅”在中国近现代史上无疑具有开创性的意义，它对中国的国内发展和中国所面临的国际环境产生了深刻的影响。

然而，中国在经济优先原则指导下所取得的出色经济成就并非没有代价。自邓小平推动改革开放以来，一方面，中国的经济增长速度节节攀升；另一方面，中央权力却日渐式微。中央政权的削弱是放权这一中国特色的现代化的结果。在西方，特别是日本和德国，现代化和集权是两个并进的过程。在那里，正是现代化产生了中央集权的国家。但在中国，为了推动现代化，国家将中央权力下放给地方政府和社会，中央权力因此而被削弱。

弱中央淡化了国家认同感，这有几点原因：首先，放权为强势地方政府的形成提供了条件，一些先富起来的地区为中国经济的发展起到了带头作用。[①] 当地居民的社会经济福利与地方政府直接挂钩，他们的认同因此也在一定程度上从中央政府转向地方政府。第二，放权意味着将中央权力从地方撤出，于是，中央渐渐失去了与地方社会的接触。中央政府不再将社会经济福利直接分配给地方居民，因此国家认同感淡了。第三，马克思主义和毛泽东思想一直以来都是中央政府管理和协调地方社会的最有力的意识形态武器。改革开放的深入，地方居民渐渐被个人主义和政治自由主义等西方意识形态所吸引。

邓小平的改革也影响了中国的外部环境。自 20 世纪 70 年代末以来，中国经济就保持着 9% 以上的年均增长率。国际货币基金组织报道称，按照“购买力评价”对各国国内生产总值进行计算的结果，中国在 1994 年已经是世界第二大经济体了。一些世界主要国家因此感受到中国的挑战。西方“反华”理

---

① “地方经营政府”（local governmental state）指以发展为导向的县及县以下的地方政府（见吴国光、郑永年，1995）。

论正是在这样的背景下纷纷浮现。而此时，中国国内正遭遇国家权力和国家认同的危机。西方人害怕中国的现代化会带来实际或潜在的“负面影响”，而中国人自己则担心他们的国家无法避免现代化的铁律——国家权力的危机。此外，随着各种“反华”理论的兴起，中国人也开始担忧国家的现代化进程会受到外力的阻挠，民族主义由此应运而生。中国人越来越相信西方国家并不愿意看到中国发展成与它们地位平等的竞争者，它们也不愿意承认中国的实力，这样的观念催生了中国的新民族主义。

不少人建议，中国政府应当利用民族主义，来重建新的国家认同和抵御国外的“中国威胁论”。然而，新民族主义的兴起并不意味着中国会对世界采取进攻性的姿态。本研究将展示，民族主义是一把双刃剑，它可以被用来加强政权的合法性，也可能引发政治骚乱。中国的执政者并不想简单地利用大众民族主义，而是要重建能够捍卫政权合法性及有助于维持政治和社会稳定的官方民族主义。从对外政策的制定来看，中国的内外认同都发生了变化。中国的政治精英认为中国只有融入世界体系，才能成为一个真正的大国和强国。他们想要做的并不是推翻现有的世界体系，而是要世界认可中国的实力和其应有的世界地位。

结论

新民族主义在中华人民共和国内部的兴起有着多重原因。随着苏联的解体和冷战的结束，中国发现自己忽然被西方推到了大国竞争的前线，这是自清末以来，中国第一次面临成为真正的大国的机遇。但中国也看到来自国际社会的巨大挑战，它的对外动机受到西方的怀疑和警惕。尽管如此，随着经济发展和现代化进程的加速，中国人在处理国际关系时显得越发自信，也要求国际社会给予其更多的尊重。

这种种原因催生了 20 世纪 90 年代初以来中国社会各阶层的新民族主义呼声。中国政府虽然会控制其他方面的政治论争，但是对新民族主义的发展却给予了足够的空间。在发表有关新民族主义的内政外交的看法时，中国的知识分子获得了相对自由。《战略与管理》《东方》等新刊物也应运而生。《世界经济与政治》《当代国际关系》《现代国际关系》等各种已有的学术期刊也成为新民族主义的理论阵地。在香港回归中国之后，越来越多的大陆学者将他们的见解发表在《社会科学季刊》《香港社会科学学报》和《二十一世纪》等香港刊物上。此外，《中国可以说不》和《妖魔化中国的背后》等带有极端民族主义色彩的书籍也纷纷面世。更重要的是，自 20 世纪 70 年代末的改革开放以来，中国的开放力度不断加大，在中国开展研究相对自由，也可以在中国大陆进行采访活动。这些新情况都使得在 20 世纪 90 年代展开一项关于中国新民族主义的细致研究成为可能。

第二章

国家权力危机中的民族主义和国家主义

在许多其他国家里，现代化和集权几乎是同义词。但在现代中国，现代化却是一个放权的过程。放权一方面为社会经济的发展注入了活力，另一方面也往往带来国家权力式微和国家建构危机的负面效应。这正是我们在20世纪80年代以后的中国所看到的。放权一方面促进了经济的高速增长，推动着社会的变迁；另一方面也导致了民族国家的危机。如同许多其他多民族国家，中国的现代化并不总是意味着国家建设，也有国家破坏；并不总是建构，也有解构。随着经济发展和现代化进程的加速 。对于民族主义者而言，中国现代化的最终目标是要建立一个强大的民族国家，而不是削弱它，更不是摧毁它。因此，国家主义成为20世纪80年代以后中国新民族主义的主流话语体系。

一、现代中国的民族主义和国家主义

国家主义何以成为中国民族主义的主导话语？对于此问题的探究，可以通过对民族主义在西方和在中国的发展史进行简要比较，从中寻得线索。现代西方的民族国家，是在国家主权和人民主权这两种主权形式的互动中形成的。其中，民族主义在人民主权的发展中扮演了重要角色。按照汉斯·摩根索（Hans Morgenthau）的理解，民族主义与自由观密不可分。“作为一种政治现象的民族主义，须理解为对于集体自由和个体自由这两种自由的向往，即一个民族不受制于另一民族的自由，和个体依其所愿归属任一民族的自由。”因此，民族主义不仅吁求民族整体的自由，更意在争取个体解放的胜利。民族主义的出现并不仅仅因为君主专制政权向他国出卖了国家，更因为它压制了本国民众的个体自由。摩根索阐述道：

个体自由是民族自由的先声，后者仅仅是前者在国际领域的延伸。制定政治原则和法理的初衷在于肯定和保护个体自由，当然，它们也同样适用于民族自由（1957：482）。[1]

没有人民主权的兴起，也就难以解释现代西方民族国家的发展和演进。

中国的现代民族国家概念是从西方“引进”的，其国家建构也受到西方民族主义的显著影响。然而，民族主义一旦传入中国便改头换面：民族主权与人民主权之间的联系被割裂了。相应地，个体自由也被民族自由所取代。纵使中国的政治精英们沉迷于民族认同、民族性、民族地位等从西方传入的新概念，他们的兴趣却立足在强大的国家，而非公民权和民众的政治参与。

这一“强国情结”的形成有其独特的语境。中国现代化起步时所处的国内外环境，完全不同于历史上西方进行现代化时所面临的情况。在整个近现

---

① 关于现代欧洲民族国家发展的解析，见 Tilly（1975）。

代时期，中国的政治精英们上下求索，一再尝试建立一个有着新的民族认同的民族国家。但这些努力同时受到国际环境和本国政治结构的双重束缚。在这种双重困境中，中国的政治精英们逐渐意识到，要建立一个强大的民族国家，唯有将民族主义的重心从人民主权转移到国家主权上。

19世纪末，世界进入“帝国主义时代”。当时的中国领导人发现，若要为政治现代化寻求出路，就必须把军事现代化放在首位。放眼欧美，国家实力无不以其是否能打胜仗来衡量。中国人一直以雄踞于世界中心的天朝上国的子民自居，这一根深蒂固的世界观很快被洋枪大炮粉碎了。西方将民族国家的概念带入中国，但具有讽刺意味的是，他们并不打算承认其为一个主权独立的国家。如西奥多·弗兰德（Theodore Friend）所言：

在文艺复兴的外交传统下，西方帝国主义国家以平等原则对待彼此；但在社会达尔文主义的影响下，他们又理所当然地认为，亚洲国家低他们一等，除非有反例可以证明，实际情况并非如此（1988）。

在这一国际体系下，中国除了走现代化别无他途。马里厄斯·詹森（Marius Jansen）曾指出：

中国和日本的现代化都在西方经济和军事势力的阴影下展开，这也在两国寻求转变的动力中起到了特别意义。它们寻求转变的最根本动因，实际上都是御敌卫国。不早不晚，现代化与枪炮同时来到东亚……因此，现代化宿命性地担当起防御外患的重任。按当时的境况，要么现代化，要么亡国。要医治病榻上的民族，除了现代化，再无别种良药（1975）。

只有现代化的军事力量才可能阻止西方势力的进一步入侵。入江昭谈到：

中日两国的精英们看到，西方的强国首先都是拥有先进的军备，强势的军官，以及海外基地、殖民地和势力范围的军事强国，这给他们留下了深刻的印象……他们深信自己的国家也须照此方向发展（1992）。

中国的当权者也很快意识到，增强军备力量不仅能保家卫国，还能使中国重获他国尊重。因此，军事现代化作为现代化的重中之重，如火如荼地展开了。李鸿章用欧洲进口来的洋枪和大炮来装备他的淮军。清政府还建立了新式海军舰队，并设立了总理海军事务衙门统一管理海军事务。此外，各地出现了外语学校，西方的军事、商业和科技书籍也被引进和翻译。

上述这些努力随着中国在甲午中日战争（1894—1895）中的惨败而付诸东流。中日两国的军事现代化几乎同时展开，但中国的政治制度严重束缚了军事现代化的进程。中国增强军事实力，一开始是应当权者维持统治秩序之需。李鸿章的淮军最初是由乡绅们组织的地方性军事力量，用以对抗太平军；之后被收编为国家的军队，并成为甲午战争中的主力军。然而，虽然这支军队已经国有化了，却依然带着浓郁的地域性。日本“陆军之父”山县有朋大将是甲午战争中的日军总指挥，他认为弥散在中国陆军中的地方主义，是中国战败的主因。他观察到：

> 李鸿章的军队有一个和明治维新时期的日本类似的致命弱点，当时的日本四分五裂，受控于封建领主的家臣们。李鸿章不仅从他的家乡雇佣了大量士兵，连将领们都是他的亲族、朋友和同僚。因此这些将领若有差池，无法从其他军队中找人顶替，而必须从李的家乡另找新人。

如果没有权力集中的现代政权，军事现代化本身并不能拯救中国。因此，中国的知识分子试图通过政府改革来建立强大的国家。随着西方势力的入侵，人民主权这一西方民族主义运动的主题也被传播到中国。其实早在甲午战争之前，许多中国人就对以军事现代化为主轴的自强方略存有疑义。有见识的思想家王韬指出，如果中国想要赶上西方国家，应更关注“人民”的作用，自强方略并不能为政府赢得民众支持。王韬在 1893 年写道：“夫天下之大患，莫患乎在下有不信其上之心。”[①] 今国家正处此大患中——“上下之交不通，君民之分不亲。”[②]

早前李鸿章等尝试“师夷长技以制夷”，但中国在甲午战争中战败的事实，凸显了强势政权的重要性。严复一针见血地点破：一个没有民众基础的国家，是没有出路的。康有为主张进行一系列大刀阔斧的革新，认为如此方能彻底摆脱外虏的欺凌和无理要求。这些革新包括建立新的官僚体系、新的经济和教育政策、由最先进的武器装备起来的民兵、新式税务体系、四通八达的铁路覆盖网等，但重中之重是养民：“夫国以民为本，不思养之，是自拔其本也。”（Hunt，1993：66）[③] 梁启超也提出，虽然中国的帝制高度集中，但这并不是现代意义上的集权政治。强有力的民族认同感尚未建立，民众的爱国情怀也鲜有民族主义的意味。中国要成为一个强大的现代民族国家，其民

① 译文引自王韬：《论所谈洋务终难坐言起行》，《万国公报》，第59期，第5页，1893年12月。——译者注

② 译文引自王韬：《弢园尺牍》，12卷，第25页，天南遯窟，光绪庚辰，1880年。——译者注

③ 译文引自翦伯赞等编：《戊戌变法》，第二册，第143页，神州国光社，1953年。——译者注

众必须完成从帝王子民向国家公民的转变（Levenson，1970）。与此同时，统治者也开始将关注点投向“民众”。慈禧太后在廷议是否应依靠义和团来抵御外虏时说道（Hunt，1993：67）：“法术不足恃，岂人心亦不足恃乎？今日中国积弱已极，所仗者人心尔。”①

即便如此，甲午战败后，军事现代化依然是现代化的重心。相较于此，制度改革的进程则缓慢得多。虽然民众基础逐渐受到重视，但政治改革受到封建帝制的束缚，举步维艰。原有的政治体系高度集中，但中央政府又极度羸弱。它制定了各项法律，却又无法实施。西方列强入侵时，中国的皇权已走向末路，日本的当权者通过集权拯救了国家。在中国，集权已是既定事实，但集中的权力却无法被运用。为了实现现代化，中央不得不将权力下放给地方以激发他们的积极性，但这反过来又进一步削弱了中央。地方精英借机发展各自势力，他们的野心

① 因英文原文可追溯至《剑桥中国史》卷十一，此处译文引自该书中译本，见［美］费正清、刘广京编，中国社会科学院历史研究所编辑室译：《剑桥中国晚清史》（下卷），中国社会科学出版社 1993 年版，第 147 页。——译者注

随着权力的增长而膨胀。很快，地方这块肉已不再能满足其胃口，他们要在国家大事的发言权上分得一杯羹。因此，分权改变了国家和社会的关系。地方参与国家的大政方针，意味着中央不再一言九鼎，它还得听听地方的声音。这一新的国家—社会关系，使得中央在处理国内外事务时，更加施展不开手脚。陷此困境，中央不得不重新集权。

理论上讲，主权在民可以提高中国的国际地位，但事实上却并没有。正当激进派所倡导的政治改革如火如荼之际，慈禧太后唯恐中央将失去对局面的掌控，在 1898 年夏叫停了改革，以阻止中央权力的进一步流失。能激发地方积极性固然是良策，但中央也不愿放松权柄，更希望通过改革来稳固权柄。若改革结果逆其愿而行，中央自是不能坐以待毙。诚如保罗·科恩（Paul Cohen）所言，中国政治的真正纷争点不在改革与否，而在于应当如何改革，以及由谁来操控改革大局。慈禧意图建立君主立宪制，如此既可以加强中央权力，又可以在一定程度上体现主权在民和民主政治的理念。

当一些族群开始吁求建立自己的独立国家，民族主义便产生了。在中国，这种“独立”性须放在满族和中华民族之别的语境中加以理解。当“族群”和“主权在民”的概念随着民族主义渐渐深入人心，许多人尤其是激进改革派开始怀疑，清统治者是否是一支可以依赖的革新力量。虽然清廷采取了不少措施以推行君主立宪制，但这些改革派认为，中国不仅应成为强大的国家，更应是中华民族的而不单单是满族的国家。在狭隘的清王朝的框架内进行改革，并不能拯救中国和中华民族。

对中国民族主义的这一认识不仅成为国内外政治活动家的共识，甚至在清廷官员中也不乏同见者。对民族主义革命家来说，君主立宪制显然并不足以实现他们的爱国目标；只有共和制才能彻底清除自私无能的清朝政权，如此才有望建成强大的国家。于是，他们开始发展自己的武装力量来对抗清廷。

孙中山和其他革命党人试图用民族主义的两大要义，即基于民族的国家和基于民主的人民主权，来再造中国。吊诡的是，1911 年的共和革命本身就是分权的产物。新国家的建立首先要求集权，这在当时难以实现。革命过后，地方割据势力开始主导中国政治。各省的掌权人物曾是革命的中坚分子，因此要求分享革命成果。他们在革命中获得了对地方的自治权，在革命后要求继续维持并加强这一权力，自是不能容许集权中央的复现。此时，国家已变得四分五裂，各种力量争权夺势。再往下看，各省内部也在1911年后繁衍增殖了一大批地方政权，这些政权握在各地有权有势的乡绅手中，他们操控地方财政，甚至还试图影响当地政府的人事任命。

中央权力的瓦解使得当时的头号军阀袁世凯深信，“地方分享中央权力不利于重振国威”。袁世凯听从了弗兰克·古德诺（Frank Goodnow）[①]就君主立宪制与共和制究竟何者更为相容于中国政治传统的建议，决定采纳君主立宪制，重建中央集权的政治格

---

① 弗兰克·古德诺（1859–1939）是美国政治学会的创始人之一，并且在1903年担任学会第一任主席。1911年至1912年间，他服务于塔夫脱（Taft）总统的经济和效益委员会。自1914年起，他成为约翰霍普金斯大学的校长，直至1929年退休。1913年，古德诺应邀出任袁世凯政府的法律顾问。

局。但袁的皇帝梦遭到各方阻力而迅速破产。到了20世纪20年代初，宪制和议会制形同虚设，官僚体系无法运转，共和政府已然名存实亡，中国进入了军阀混战时期。

在孙中山早期的革命生涯中，他奉行主权在民的理念，并相信参照欧美多党制模式建立起来的共和政府可以为中国民众提供政治参与的渠道。然而，1911年的辛亥革命并未在中国建立起一个强大的民主政权。新的民主议程“没有能够带来团结和秩序，更不用提获得合法地位。代议制政府很快蜕变为一个与民主为敌的独裁政权，在外交上也显得软弱无能”，这使得孙中山重新思考“主权在民”的问题，他意识到没有完备的组织架构，任何形式的民主政权都是脆弱的，更无法建成强大的国家。于是，孙中山转向组织层面，寻找中国革命的出路。他的策略是“以党建国”，这是他从俄国革命中学到的：

从前何以不从事于有组织、有系统、有纪律的奋斗？因为未有模范，未有先例之故。……俄国革命之发动迟我国六年，而俄国经一度之革命，即能贯彻他等之主义，且自革命以后，革命政府日趋巩固。同是革命，何以俄国能成功，而中国不能成功？盖俄国革命之能成功，全由于党员之奋斗。一方面党员奋斗，一方面又有兵力帮助，故能成功，故吾等欲革命成功，要学俄国的方法组织及训练，方有成功的希望（Teng & Fairebank，1979）。①

在孙中山看来，俄国完全以党治国，比之英、美、法之政党，握权更进一步。因此，俄国模式更可为中国之楷模。中国应采用“以党治国”的模式，而党的首要任务是建国。“我们现在无国可治，只可说以党建国。待国建好，再去治它。”（孙中山，1986，卷九：103）按此逻辑，建党是建国的前提，强党方可强国，而国强才有可能实行切实有效的民主制度。因此，孙中山提出了建国三序方略：军政、训政与

① 此处译文引自孙中山演说的中文版原文，见广东省社会科学院历史研究所、中国社会科学院近代史研究所中华民国史研究室、中山大学历史系孙中山研究室合编：《孙中山全集》（第八卷），中华书局 1986 年版，第436—437 页。——译者注

宪政。

按此思路，孙中山对国民党进行党内改革，使其面貌焕然一新。他的继任者蒋介石承袭孙之衣钵继续强党立国，依靠国民党来加强民族团结、恢复国家秩序、挫败列强的侵略野心、取消不平等条约、收复领土，最终使中国在国际上重拾尊严。通过 1926—1928 年间的北伐战争，国民党将中国重新统一在中央集权下。它通过两种方式建立中央集权：在军事上，中央控制武装；在民事上，通过建立相关组织和发动各种运动来使政府触角遍布和深入市民社会。国民党政权效法西方，将统治中心放在城市，却忽略了这样的事实："以城市为重心的策略或许在西方甚为成功，但在中国这样一个以农村为主体的社会，城市的影响相较于西方远为局限得多。"（Whiney，1970）而国民党政权所严重依赖的各股地方势力也没有能力从根本上改善农民的生活。

更致命的是，如惠特尼（Whiney）所言，国民政府的国家理念无法赢取民心。作为执政党，国民党强调国家集权，限制民众的参政空间。但在当时的中国社会，主权在民的观念已然深入人心。共产党围绕主权在民，用它来动员城市居民和知识分子，一举戳中了国民党的软肋。约瑟夫·利文森（Joseph Levenson）指出，在与国民党的较量中，共产党所提出的国家理念更能引起知识分子的共鸣。此外，无法有效地传播其国家观也是国民政府的一大败笔，以城市为中心的现代化战略忽略了广大农村地区。相反，共产党的干部却在农村地区极为活跃，他们将其党的建国理念传播到农民中间，使得党民同心展望国家蓝图。最终，共产党得了农民，也得了天下。

共产党运用“主权在民”的思想获得城市居民的拥护，成功取代了国民党。然而，一旦它成为握有权柄的执政党，就开始将大量精力投入组织化和意识形态的建设上。弗朗茨·舒曼（Franz Schurmann）剖析了共产党领导下的中国的国家性质：

中国共产党通过革命从国民党手中夺权，并建立了现在的中华人民共和国。在过去的十五年间，中国的大小人物各怀目的，动用有组织的政治力量共同上演了一出人间大戏。他们建立了新的伟大国家，训导他们的人民，提高了生活质量，并为经济增长打下基础……共产主义中国就像一座由各种砖石砌成的大厦。不管这些砖石是如何堆砌的，这座大厦终究还是伫立起来了。而黏合这些砖石的正是意识形态和组织（Schurmann，1968：1）。

二、放权与发展

诚然，组织和意识形态是社会主义中国的两大支柱。20 世纪 50 年代初，土地改革如火如荼，这一运动消灭了地方政治势力，也清除了国家建设道路上的最大障碍。通过严密的组织和对意识形态话语权的掌控，党领导下的国家很快将地方权力收归中央，实现了集权。虽然暂时坐稳了江山，但如何实现国家的现代化，却依然是艰难的问题。仅靠几个领导人的个人意愿和才能，并不能实现国家的经济增长。

没有地方政府和社会各界的积极配合和协助，上层的意愿很难真正落到实处。

因此，一旦实现了中央集权，却又似乎马上要陷入作茧自缚的困境。权力集中有利也有弊，更何况，分权也有分权的好处。于是，毛泽东意识到，须将集权与分权两者进行调和。他试图在国家权力和社会权力、中央集权制和地方分权之间寻找平衡点。他认为，应加强民主集中制原则的“民主”成分。于是，随着 50 年代前半段的集中化浪潮退去，如何激发地方对建设新国家的热情，就被列入中央政府在新时期的议程。毛泽东提议：

> [中央政府]应当扩大一点地方的权力，给地方更多的独立性，让地方办更多的事……有两个积极性[中央和地方]比只有一个积极性[中央]好得多。我们不能像苏联那样，把什么都集中到中央，把地方卡得死死的，一点机动权也没有（毛泽东《论十大关系》）。

毛泽东不喜欢苏联式的积冗的中央官僚体系，他更偏爱全民大动员。故此，集权常常尾随放权而至。然而，几波放权运动，再加上受封闭的地理条件所限，地方不得不自力更生，这就使地方在事实上处于各自为政的状态。由于地方掌握着土地、劳动力和资本等各种资源，中央空有集中的权力，却无实际的施权之能，有权而无力。这种“各自为政”的局面使得国家和社会的脱节日益加深，而社会的疲怠又消磨了国家能力。到了20世纪70年代末，中国陷入严重的危机中。

当此之际，邓小平复出。他提议，中央与其揣着这种无效的权力，不如向社会和地方放权来解决危机。不少其他领导人也认识到，社会和地方能动性在推动经济发展和缓解国家——社会紧张关系上具有重要的作用。在这一共识下，经济改革很快大阔步前进了，尽管政治改革在当时还尚未放开。人民日常生活的去政治化已成大势所趋。

因此，当东欧还在推行自上而下的改革，中国的改革派已试图用放权的手段来改革经济体系和实现经济增长。在邓小平的支持下，改革派将决策权下放给地方，并在实际上放松中央对地方产权和财政权的控制。随着这一制度布景的完工，各地政府也旧貌换新颜，成为发展型政府。

事实证明，地方政府向发展型政府的转型成为推动地方经济增长的良方。由于中国各省间差异显著，国家很难推行统一的政策。只有当各省被赋予充分的经济政策自决权，中国经济才有望实现快速增长。这一点尤其在广东、福建、浙江、江苏和山东等沿海省份得到了明证。随着改革的深入，放权几近成了地方政府与中央交涉的口号，尤其是沿海省份，一再向中央争取更大的自决空间。这使得国家的权力结构发生了很大的变化。广东记者颜长江谈到："中央这些放权政策，实际上是把广东'承包'给广东人。"（颜长江，1993）

当自治权充分在握，地方政府的思路就活了：何不投身到世界经济大潮中去？至少也该与邻国或邻近地区进行贸易往来。颜长江描述了广东的情境：当时广东省的领导向外一看，香港的南风已千方百计钻进来，瞧人家那发达的经济！为什么不利用他们呢（颜长江，1993）？于是，各省争先恐后，纷纷发展对外经济。在这一浪潮中，省际的竞争深刻影响了各省的经济改革。如《经济学人》中的文章所描述的：

广东的成功让其他各省汗颜……广东毗邻香港，确实有着得天独厚的地理优势，这一点为其他省所不可比拟。但不得不承认的是，如果广东没有一个亲商的政府和大量的私营企业（国有企业只占很小的比例），香港也不会主动叩响广东的大门。于是，各省力争上游，争先恐后推出各种改革模式（The Economist，1992）。

放权促进了经济的高速增长，为人民生活带来了翻天覆地的变化。1978—1992年间，中国经济创下了年增长率9.5%的历史纪录，并在此后三年实现两位数的增长新高。但讽刺的是，虽然小康生活近在咫尺，强国之梦却依然遥不可及。更糟的是，经济增长反而诱发了国家权力危机。经济发展所带来的负面效应深刻影响了中国人对国家危机的认识，这一点不容小觑。

放权所带来的种种好处并不是没有代价的，这首先体现为国家结构的失序。权力从中央转移到地方，但这一新的中央—地方关系的制度化还有待时日。没有有效的制度约束，地方主义繁荣滋长，对中央权力构成严重威胁。

财政权的流失是中央权力危机的一个重要迹象。自 1978 年实行改革以来，中央的财政收入一路下滑。一开始，中央将财政权下放给地方来激励地方的积极性。但权力一旦下放，中央要想从地方征税就变得相当困难了。据统计，1978 年中央财政收入占 GDP 的比重为 34%，到了 1995 年锐减为 6%（胡鞍钢，1996）。当中央要求它们多交些税，这些富省恃财而不愿执行中央指令和权威。而它们之所以能先富起来，正是得益于放权。

放权也拉大了各地区间的贫富差距。在广东、浙江、江苏和山东等沿海地区，集体所有制、私有制和合资形式的非国有制经济蓬勃兴起，它们为地方创造了巨额财富。而在中西部内陆地区，由于资金和人才的匮乏，地方政府“巧妇难为无米之炊”，经济增长难有起色，更不用说对所有制和工业结构进行调整和升级。发展上的差距不仅使东西部的人民生活呈现出全然不同的样貌，也让中央难以采取统一的政策来有效指导和管理地方。更有甚者，地方可以忽视中央指令，继续我行我素，这使得中央利益和地方利益的磨合变得十分困难。

中央权力和权威的式微加速了地方保护主义的兴起，中央无法再对地方进行有效的经济调配。毛泽东时期的严格的计划经济体制使得中央能够有效调控地方经济，但这一体系历经“文革”后瓦解殆尽。现在，中央对地方没有什么可调控的了。当富省有能力独立制定自己的发展蓝图时，就不再愿意与其他省合作。即使是在一省内部也鲜有合作。有研究发现，广东省发达的珠江三角洲区域的地方政府“各自为政，缺乏协作”。另有研究显示，江苏省的苏州、无锡和常州三个最富裕的地区之间也少有经济往来。

富省和穷省之间的合作更是乏善可陈。他们其实有相似的工业结构，但贫困省对富裕地区心存芥蒂。例如，安徽的地方官们不愿意与邻居上海有所往来，因为他们感觉被上海人欺负了，上海在他们眼里活脱脱就是一个新的"殖民中心"。湖南也自觉为"鱼肉"而不愿与"刀俎"广东合作，湖南的领导有一次还下发禁令，不许向广东运粮。类似的现象并不鲜见，各省采取各种行政手段来保护本省利益，与其他省竞争。

由此可见，放权虽然在很大程度上促进了中国经济与世界经济的联系，但在国家内部，放权反而引致各省经济关系的疏离。据世界银行的报告显示，20 世纪 90 年代初，中国省际贸易占了 GDP 总量的 22%，而欧盟各国之间是 28%，苏联解体前各加盟共和国之间也占到 27%。世界银行因此警示：这是亲他国而疏他省，随着对外贸易和国内贸易的总量发展方向背道而驰，中国各省正在演变成一个个独立的"王国"。

放权所带来的负面效应在各地激起了强烈的民

族主义情绪，这给中央带来了巨大压力。贫富差距成为中国政治最重要的新议题。来自欠发达地区的干部呼吁中央重新集权，并要求对穷省进行政策倾斜。显然，他们也是受到了民怨压力，当地居民眼见着自己的生活水平远远不如富裕地区的居民，这令他们感到不平衡和不满。1994 年的一项问卷调查显示，当被问及地区收入差距过大可能带来的最坏结果时，回答问卷的省地级干部中有 84% 认为这将导致社会不稳定，16% 的人认为可能会出现国家分裂，特别是在少数民族地区。调查结果还显示，近 64% 的省地级干部认为解决发达地区与欠发达地区间的经济差距是国家的当务之急（胡鞍钢，1994）。

那么，放权对中央—地方关系又意味着什么呢？过硬的经济基础使得地方得以掌握一定的政治主动权。在毛泽东时代，中央领导人一拍掌就能震得地方颤一颤，在 20 世纪 80 年代以后，中央不再能够轻易控制地方的人事任免、移除地方势力。中央与地方形成了相互依赖的关系。有了经济实力做支撑，地方自己选举的官员并不是中央说罢免就能罢免的。

渐渐地，地方干部不再满足于将自己的权力局囿在地方，他们也要求参与国家大事的决策。自改革开放以来，地方的利益越来越明显地体现在中央一级的人事安排上。地方想要在中央有可以支持他们的人，从地方调任上来的干部常常居于中央政府和党中央的高位，此类人事录用已经在一定程度上形成一种惯例。在毛泽东时期，党的精英大部分来自中原地区，特别是湖南、江西和湖北三省。地方官员晋升为中央领导的现象确实令人瞩目。在吴国光看来：

> 这一改变使得更多的地方干部最终得以进入中央领导层，首先意味着地方势力在经济大潮中水涨船高，而中央也认可了这一事实。从此，在中央将听到更多来自地方的声音（Wu Guoguang，1993）。

在中国共产党第十一届、第十二届和第十三届中央委员会中，来自各省的领导都占了大头，这充分体现了地方势力的壮大。

三、国家—社会关系

纵观中国近现代史，各种国家建构运动此起彼伏，而它们所面临的共同难题是如何界定国家—社会关系。虽然主权在民从来都不是主流话语，却一直都在中国的民族主义议题中占有重要席位。不少政治精英和知识分子认为一个强大的国家必须建基于人民，国家与人民之间缺乏制度联系只会削弱国家。然而，即便 20 世纪 80 年代以后的改革极大地改观了国家—社会关系，两者间的脱节依然存在。

邓小平时代的改革策略被认为是“经济改革大张旗鼓，政治改革避而不谈”（Shirk，1993）。重振国威的强烈使命感令改革派领导人断定：政治自由化必须服从经济增长。于是出现了经济改革先行，政治的民主转型暂且搁置一边的情况。同时，国家还运用各种行政机制来干预经济发展，这便使国家和社会之间的鸿沟变得更加难以填补。

当然，邓小平复出后也强调主权在民或民主对于建构一个强大的中国的重要性。邓小平在 1978 年访美后提到，美国的校园组织了各种各样的社团，讨论各种各样的问题，对于培养一种民主的学术氛围是非常有益的。邓小平对美国校园民主氛围的兴趣，可以被视为党领导下的国家放松对社会团体尤其是对知识分子的控制的先兆。在改革的早些年间，不少高层领导人曾表示支持民主。邓小平甚至提出“没有民主就没有社会主义，就没有社会主义的现代化。”（邓小平，1983）受到这一想法的鼓舞，民间自发成立了各种社团和组织。对他们来说，官方话语中的四个现代化，即工业现代化、农业现代化、国防现代化和科学技术现代化并不足以将中国建成一个强大的国家。第五个现代化——民主——势在必行。

同样，当时中央领导人肩负起领导全面改革的重任，他们也试图拉近国家和社会之间的距离。新的领导班子强调为学术和文化发展创造自由空间。领导人意识到，要想使政府决策更具科学性，一定形式的政策论辩不可或缺。而通过社会讨论后所做出的决策也更具说服力，更令人民心悦诚服。1983—1984 年间，以中国共产党的老一辈领导人和理论家为代表的保守派发起了“清除精神污染”运动，随后又在 1985 年发起了“反对资产阶级自由化”运动。面对保守派的挑战，改革派领导人试图将其影响控制在党内。

所有这些尝试和努力显然都有利于非政府的民间组织的发展。尽管如此，中央却不能容忍社会力量过多干预国家的政治议程。自清末以降，为了实现国家自强，慈禧太后、袁世凯、蒋介石陆续推行了一系列改革。他们都“极其强调秩序和稳定，不仅对社会动员所带来的不可控结果，甚至对多元政治和体制内可控的异见也有着历久不渝的反感”（Cohen，1988）。孙中山曾指出，只有强大的国家力量（而不是社会力量）才能在中国这一后发展国家实现现代化，从而赶上西方先进国家。这种观点在中国的政治精英中不乏响应者。邓小平就认为改革的首要目标是强化国家。史谦德观察到：

邓小平的政治改革主要关注如何在国家机制内制定和施行政策。换句话说，他的政治改革实际上只是行政改革。对公民的政治参与权，即中国民众在更广泛的意义上参与国家政策制定和施行的权力，涉及非常有限（Strand，1989：1）。

民众的政治参与必须得到政府的批准才得以可能，并在其监督下进行。邓小平在当时强调，中国再也承受不起更多的政治和社会混乱了。

四、对国家权力危机的认知和国家主义的兴起

20 世纪 90 年代兴起的国家主义并不只是对 20 世纪 80 年代的放权所带来的大量不可预知的后果的回应，也是强国情结的产物。这一情结往往使得民族主义者对国家权力危机产生错觉，并通过夸大危机的严重性来为加强中央权力的合理性寻求辩解。无论是经济改革派还是政治民主派，20 世纪 80 年代的改革对他们来说都意在建立一个强大的国家，他们的

争论点是该如何实现这一目标。国家领导人中的改革派视经济增长为强国的第一捷径，以知识分子为代表的社会力量则认为政治民主化才是中国的唯一出路。在这种情况下，国家主义成了各种观点的调和剂。但对于90年代的新兴民族主义者来说，问题已不再停留在经济发展和民主何者对建立强大的国家更具有决定性的意义。他们认为，这两者都很重要，但又是双刃剑，都可能挑战和威胁到国家权力，一旦这种情况发生，维护国家权力压倒一切，因为国家权力才是维持中国统一大业的倚仗。

20世纪90年代，各种社会和政治力量纷纷表达他们对国家主义的看法，其中尤以北京、上海两地的知识分子最为活跃。在民族主义的话语体系下，关于国家主义有两大主要观点，两者的目标都指向如何通过集权来建立一个强大的国家。

持第一种观点的国家主义者认为：唯有国家强大，民族才得以延续。在20世纪80年代，不少人将威权政体视作中国经济自由化和政治民主化的主要障碍。他们认为，为了将中央权力下放，政治改革势在必行。但国家主义者指出，放眼世界，不少国家的悲剧已经证伪了这一观点。苏联和捷克斯洛伐克的解体以及南斯拉夫的内战都证明，国家权力的削弱将导致国家的崩塌，而威权或极权政府的倒台也并不必然能促成极权到民主、计划经济到市场经济的转变。政治民主化和经济自由化两者都应在国家的框架内展开。一旦脱离了这一制度框架，混乱就在所难免。

如前所述，分权让利产生了一些负面结果。确实，早在 20 世纪 80 年代末，不少民众和政府官员就已经注意到了这一点。新权威主义的支持者强调中央对维护国家统一的作用。他们目睹了分权让利导致全国拧成一股绳的局面成为如烟往事，担忧各地政治和经济的一盘散沙状态最终会造成国家不稳定。

分权让利不仅成为中央有效实施政策、管理市民社会的主要障碍，还引致了“诸侯国”的崛起。“诸侯割据”指当中央权力衰落时，各地权贵纷纷宣称地方自治的一种国家分裂状态。

在毛泽东时期，有领导人主张实行南斯拉夫那样的分权。但之后南斯拉夫的解体使其成为一个反例。国家主义者提醒，如果中央再不收权，中国将走南斯拉夫的老路。这一论断在 90 年代初关于“国家能力”的大论争中获得了普遍认同。1993 年，王绍光（时任耶鲁大学政治系助理教授，获康奈尔大学政治学博士学位）和胡鞍钢（时任中国科学院国情分析研究小组成员）两位学者发表了关于中国国家能力变弱不利于国家长治久安的报告。他们指出，国家能力的变弱以国家财力资源下降为显著特征。邓小平的分权让利改革，导致了中央的财政汲取能力下降，而这又产生连锁反应，导致其他能力下降。如果势态继续恶化，国家分裂也并不是没有可能的。一般认为，苏联和前南斯拉夫的解体在很大程度上归咎于民族冲突。但在王绍光和胡鞍钢看来，南斯拉夫的解体并非由于民族仇恨，而主要是由国家的财政能力过弱所致。由此，他们依托国家能力的理论学说来建议中央重新集权，从分权让利的改革走向制度创新的改革。其实，早在此报告发布两年前，王绍光就曾提出，国家能力变弱并不是什么好兆头。诚然，“过度集权会造成严重的效率损失，过度分权

则可能导致国家的分崩离析。”（王绍光，1995）

但也并不是所有人都这般悲观。黄亚生就认为，权力下放得再厉害，中央也还是有办法通过各种机制来规制地方官员。

然而，王绍光和胡鞍钢的观点则正好击中了中央对于地方失控的隐忧。陈元早前就提醒过：分权让利将导致中国分裂。他于1991年写道：

如果把经济与政治联系起来考虑，加强集中，更是势在必行。中国是个幅员辽阔、经济发展极不平衡的大国，没有一个强有力的中央政府是根本不行的。如果听任分散格局的进一步发展，经济首先会被瓦解，随之就将是政治上的分裂和割据。要保证经济的发展和政治的稳定，就要进一步增强民族的向心力……这都要求中央政府拥有足够的权力。除此之外，别无选择（陈元，1991）。

确实，到了20世纪90年代，对于分权让利可能会导致国家分崩离析的忧虑不仅困扰着知识分子，也波及官场，成为中国转型的新焦点。王绍光和胡鞍钢的报告很快得到了高层的重视。彼时中国经济改革的操刀者朱镕基警示："中央一穷，中国就要分裂。"多数省地级干部，尤其是来自少数民族地区的，也担心中央财政汲取能力的不断下降将导致国家分裂。如果中央不能推进欠发达地区和少数民族地区的经济发展，汉族与少数民族的矛盾就将不断尖锐化，成为社会不稳定因素的重要根源之一。因此，今后的改革应着力于建立"强中央，强政府"，如此方能确保国家的长治久安。

那么究竟该如何重拾中央权威？一直以来，组织和意识形态是中国共产党巩固权力的两大法宝。国家主义者力倡再度集权，但他们并不打算借助这两大法宝。转而向西方学习制度建设，因为他们意识到中国作为一个国家体还没有完成真正意义上的现代化，而传统手段显然无益于这一目标的实现。在当时的情况下，关于政治集权的公共讨论还没有完全放开，因此国家主义者关于集权的建言一窝蜂地涌向财政等经济领域。

在国家主义者们看来，中国作为多民族国家统一局面的维系，在很大程度上取决于中央能否重握财权。他们将现阶段所出现的问题归咎于财政放权，以及由此而导致的中央财政能力的弱化。王绍光指出，财政系统放权过甚，中央权力被掏空，已到了无权可施的境地。中央财权的衰微引发了一系列经济、社会和政治问题。财库的亏空使中央政府无法为老百姓提供足够的公共物品和服务，基础设施的不足已经成为中国经济发展的瓶颈。此外，中国正面临着严重的生态和环境危机。中国经济骇人的增长速度是以生态和环境为代价换来的。酸雨不但威胁着本国的经济、生态和国民的身体健康，也引发了日、韩等邻国的不满和抵制。但鉴于中央财力不足，无法拨发更多的款项用于污染治理，环境仍将继续恶化。

20 世纪 90 年代初，中央尝试实行中央地方分税制来重新集权，这一制度于 1994 年正式在全国推广。但因触动了地方利益，建立分税制并非一帆风顺。作为一项艰难的制度创新，分税制的目标目前还尚未实现。中央财政汲取能力进一步下降。1993 年中央财政收入占 GDP 的比重约为 5%，1994 年上升为 6%，1995 年又下降为 5.7%。中央财政支出占 GDP 比重 1993 年为 5.7%，1995 年降为 3.5%，比南斯拉夫解体前的 5.3% 还要低（胡鞍钢，1996：2）。因此，胡鞍钢论断“中央财政已濒于‘破产’的境地”（1996：2），这并非杞人忧天。中央将面临无力支付军队、警察和政府行政运作的各项开支的。困境，不仅国家的进一步发展举步维艰，连国家分裂这样的预言都可能不再是危言耸听了。因此，不论从哪方面分析，财政集权都已是刻不容缓的头等大事。

那么该如何集权以提高中央财力？支持在市场经济的微观基础上重新集权的学者认为，不仅要继续推行分税制，更应实施必要的经济惩罚和行政手段，唯此方可树立和强化中央的政治权威。中央财政的重新集权不仅是就中央与地方的关系而言，亦是就中央与各部门之间的关系而言。虽然从中央与地方的关系来看，分税制相对集中了中央财力，但中央本级财力依然极其分散。一些部门各自形成利益集团，强调本部门的局部利益，这使得中央无法集中有限的财力办成几件大事。因此，国务院要适当地集中中央本级财政，至少要使每年新增中央本级财政收入集中到国务院总理手中。

此外，应取消计划单列市和副省级建制。自改革以来，许多城市由省辖市升格为“计划单列市”。这些副省级单位的行政与财政事务不是由所在城市的省级政府，而是由中央直接领导和管辖。但事实上，它们既不受中央控制，也不服省政府管，已经成为财力雄厚的“独立王国”。如果不取消副省级序列，这些“独立王国”的存在无疑将成为提高中央财力的重大阻碍（胡鞍钢，1996：8）。

结论

20 世纪上半叶，中国的民族主义者所面对的共同问题是如何将中国从传统的王朝国家转变为一个现代民族国家。当时，相当大一部分知识分子意识到中国作为文化意义上的国家或王朝国家，与现代欧洲的民族国家有着天壤之别。王朝国家高度集权化，但中央政府又太羸弱以致无法发展国家，更不用说来保卫国家。要使中国成为强国，第一步不是要实现民主化或发展社会福利，而是要建立一个现代的国家。那么如何将中国建成一个现代的国家？许多人力主将实行个人独裁的专制统治作为首要之务，因为只有强力政府才有可能建成强盛国家。这一主张甚至在自由主义知识分子中也激起了强烈的共鸣。正是这种对强力政府的寄托成了30年代国民党政权的统治基础。

时光荏苒，历史很快演进到新的改革时期，但20世纪90年代的新民族主义知识分子依然面临着他们的先辈在20世纪30年代所面临的困惑，这就是：中国该如何转型。中国共产党打下江山后不久，就建立了一个高度集权的国家，但国家转型却成为其孜孜以求几十年的难题。面对参差不齐的各地地情，中央曾采取分权让利的政策手段，但结果却不尽如人意。于20世纪90年代的新民族主义者而言，任何形式的政体，哪怕是专制政权，只要能保存国家，就是合理的。若国将不存，讨论国之转型又有何意义？

这就是20世纪90年代国家主义者们的逻辑。他们还相信，“集权”而无需“极权”就可以实现强国之梦。他们认为，强国和现代化可以同步进行，这便是，通过现代手段来改造国家。而事实上，不通过现代手段，也很难将中国从传统的“极权”王朝带向现代的“集权”国家。

但问题是，权力一旦下放，就很难再集中起来。国务院提出的各项新制度都遭到了来自地方和中央本级各部门的强烈抵制，这使得中央不得不调整最初的计划来与地方利益和部门利益进行妥协。面对重重荆棘，中央能否突出重围，强国之梦能否实现依然悬而未决。

第三章

认同危机："新左派"和反西化浪潮

民族主义事关我们和他们之间的对立。这种对立的尖锐化，对民族主义的形成起到了关键作用。换句话说，在锻造民族主义这一硬币时，对于"我们"的认同和对"他们"的贬抑往往构成它的正反面。这使得民族主义与排外主义常有交集。也正因此，民族主义在体现一国民族认同的同时，对于该国的国际行为也有着特别重要的意义。

1894—1895年中日甲午战争的惨败，使得中国的知识分子认识到民族认同之于建构强大的民族国家的重要意义，这是他们在世纪之交的重大发现。他们将日本明治时期文字资料中的"民族"（按字面意思讲，即"同宗同族之人"）这一现代概念引入中国。但大体来说，中华民族在酝酿其现代民族认同时所处的国际环境使这一认同浸染了浓烈的仇外色彩。有学者指出，在现如今的中国民族主义中，这种仇外情绪仍然依稀可见。

中国的民族主义形成于反帝声浪中。面对外族的入侵，当时的知识分子用笔在纸上奔走疾呼：亡国灭族的危险已然迫在眉睫！正是在这样的民族主义书写中，“中华民族”一词频频出现。王赓武曾扼要概述了外部因素对中国民族主义形成和发展的影响：

一连串的战败使得世界各地的中国人抬不起头来，使得外国人在中国境内享有治外法权，也使得外商在中国的土地上横行霸道。对于所有倍感蒙羞的中国人而言，民族主义这一概念本身就是莫大的鼓舞。纵观整个20世纪的（中国）反帝反殖斗争史，民族主义在引领这些斗争的理念中几乎都占有核心地位。蒋介石和毛泽东都是在民族危机的驱动下投身政治的。而尽管中国共产党在1949年掌权后打着浪漫的国际主义的旗号，但民族尊严和国家利益也始终是中华人民共和国的首要目标（1995）。

追昔抚今，该如何理解发生于20世纪80年代以后的改革语境中的反西方情绪呢？它是旧有的仇外主义的延续吗？如果答案是肯定的，那么，说中国的新民族主义具有挑衅性（尤其针对那些对中国采取不友好政策的国家），就并非夸大其辞。抑或，这是一股新的反西方浪潮？如果是，那么，这是因为中国想要像二战时的德国和日本那样，展示一下自己被现代化所滋养的日渐强壮的肌肉呢，还是因身陷现代化的窘境，日益浮现的各种"中国问题"迫使中国不得不做出这样的应对策略呢？

尽管新时期的民族主义仍然以排外主义为主要特征，二者却再也无法等同。相较于毛泽东时代，20世纪80年代邓小平执政时期的民族主义，不仅是对变化中的国际环境的回应，更是对国家现代进程中渐显的诸多病症的内在反思。在新的民族主义者看来，20世纪80年代西化导向的现代化，导致了包括民族认同感下降、传统价值观衰落和马克思主义、毛泽东思想信仰魅力下降的各种危机。如果继续沿着西化的方向，中国的现代化将毫无出路。要成为一个强大的国家，中国的现代化就必须扎根于民族主义。然而，不同于传统的仇外主义，新的民族主义旨在建立一种新的民族认同，它强调20世纪80年代以后改革语境下的“中国性”以及中华文明与西方文明之间的区别。

这种发端于民间的以反西化为主题的民族主义，主要表现为两种形式：一种被理论家们贴上了“新左派”的标签，[①] 另一种则以反西方文明为特征。“新左派”不满于有关中国改革的种种理论，认为这些理论深受西方经济改革论调的荼毒。而反西方文明一派则强调，民族主义为什么应该借助以及该如何借助儒家文明来抵御西潮的吞噬。

① 有必要指出的是，“新左派”一词是西方术语的直译，但中国的“新左派”不同于西方的“新左派”。在国内外中国问题研究者们的指称中，该词囊括20世纪80年代以后中国的诸多思想流派，如新保守主义和新权威主义。“新左派”之“新”意在与改革之前的“左派”相区别。

一、寻求新的民族认同：现代化还是"西化"

很难将西化认定为20世纪80年代以后中国现代化的主要特征。事实上，"西化"是中国的民族主义者在寻求新的文化和民族认同的过程中建构出来的产物。毛泽东时代的激进主义瓦解了原有的文化和民族认同。这一认同缺失的危机在邓小平的改革时代转化为认同建构的危机。民族主义者们将新的危机归咎于20世纪80年代以西化为导向的现代化。将西化树立为对立面后，建构新的民族认同也就变得容易多了。

无疑，邓小平的改革意在缓和毛泽东的激进政策所引发的认同危机。促进经济发展为特征的改革将中国从毛泽东时代的泥淖中拉出来，点燃了新的希望。但双足还未洗净，中国很快又掉入新的泥淖，于是，人们便又质疑起邓小平的改革模式来。

毛泽东离世后，中国民众对国家是否正在经济上遭受重大磨难看法不一，但他们一致认为严重的认同危机正侵蚀人心。在中文著述中，这被称为"信仰危机”。这一危机波及社会各群体，在年轻人身上表现得尤为显著。媒体称经历危机的这代人为“省思的一代”“受创的一代”“被遗弃的一代”“迷失的一代”和“堕落的一代”。

20世纪70年代末，一场关于“人生意义”的大讨论在中国共产主义青年团中央委员会旗下的《中国青年》杂志上展开。讨论的起因，是源于1978年该杂志刊登的一封题为“人生的路啊，怎么越走越窄……”的读者来信。作者是青年女工潘晓。她相信每个人都是自私的，“在利害攸关的时刻，谁都是按照人的本能进行选择……任何人，都是主观为自我，客观为别人”。这封信甫一刊登，就在青年人中激起了强烈的反响。在短短25天中，《中国青年》编辑部收到了来自全国各地的18603封读者来信。潘晓的困惑不无响应者，一位学生写道：

我们这代人，从小学一年级起，受到的教育是我们伟大的社会主义祖国如何如何好，而资本主义国家的人民则生活在水深火热之中……而现在，一旦打开了我们的眼界，从电视中看到外国那豪华的城市建筑、现代化的设施及公园、文化中心等等，再比比我国，后者就显得落后了。这个弯怎么转得过来呢?（《人民日报》，1979年5月18日）

认同危机还影响了地方干部对中央的态度。尤其是广东、福建、浙江、江苏和山东等沿海省区，他们不再信任中央制定的国家发展目标及其达成这些目标的能力，转而要求中央进一步放权，以在更大程度上实现本地经济的自治。1979年4月，时任广东省委书记习仲勋在中央工作会议上表示（引自颜长江，1993）："广东同志讨论来讨论去，觉得优势发挥不出来，我们的经济工作往哪里走，我们很苦恼！……我们想向中央要权！请求中央政策放宽，让我们多出口，我们也给中央多创汇！"

20世纪70年代末发生在中国的认同危机，源于民众对现有意识形态的信仰的瓦解和对国家发展目标缺乏信心。面对国家与社会之间的紧张局面，邓小平复出后的首要任务是安邦，之后才是强国。进入

20 世纪 80 年代后，以现代化为导向的改革卓有成效，国家经济迅速增长，人民生活水平显著提高。

20 世纪 80 年代的发展从一系列的增长值上可见一斑。根据《经济学人》（*The Economist*）的统计结果，当时的国民生产总值达到了年均 9% 的高增长率。在 1978—1991 年间，粮食消费总量平均上升了 20 个百分点。1981 年，平均每 100 户城市家庭才拥有不到一台彩色电视机；而 10 年后，这个均值则达到了 70 台。同样，1981 年每 100 户城市家庭只有 6 台洗衣机，到了 1991 年则达到了 80 多台。

与此同时，西方的各色观念也乘着改革开放之风迅速涌入中国。事实上，国家决策者的经济改革政策就借鉴了西方经验。有学者指出："在改革开放的最初阶段，西方社会的制度结构和价值观念，曾经对我们的社会发生过重要的影响。"（孙立平，1996）到了 80 年代中期，不少中国人对西方文化兴趣渐浓。1987 年的一项全国调查显示，75% 的普通中国人对西方思潮进入中国持宽容态度，而持相同态度的党员比例则占到了 80%（闵琦，1989）。

但这些发展并未能改善国家—社会关系。相反，它为国家认同和文化认同带来了新的危机，这一点在知识界和年轻人中表现得尤为明显。

另一方面，政治民主化的吁求也越来越强烈。最初，政治改革确实曾被提上国家的改革议程，但却又很快被放弃了。政治上任何实质性的改革措施都举步维艰，不少人将矛头指向了中国的传统文化。

这种以责难为基调的认同危机持续到80年代末，终于迎来了打着"新权威主义"旗号的新一批民族主义者，民族主义已注定要成为新历史时期浓墨重彩的一笔。将民族主义推上中国话语舞台主场的是风云骤变的国内和国际环境，这两方面的变化又牵引着中国与世界关系的改变。这些变化影响了中国人对国家发展和世界局势的认知，主要表现在四方面：

首先，冷战后，民族主义在苏联和东欧取代共产主义意识形态。在孙立平看来，东欧剧变对于民族主义思潮在中国形成的作用主要表现在：它使知识分子认识到，在传统意识形态衰落、社会矛盾和危机加重的情况下，政治解体和社会解体，恐怕是一种比停滞和保守更为严重的危险。正是在这样的背景下，一些人开始倡导民族主义（1996a：17）。[①]

第二，随着中国渐渐融入国际体系，中国知识界开始熟悉西方制定的国际规则，关于大洋彼岸的信息也变得唾手可得，这使得他们有条件重新认识和反思西方文化。在改革的最初阶段，西方被视为可以效仿的榜样。但随着中国日渐强大，西方的善意也渐行渐远。西方守成大国唯恐中国崛起，而西方的影响也并不全是正面的，在与西方文化的拉锯战中，中华传统文化受到严重侵蚀。

国人对西方文化和观念的反思是新民族主义兴起的诱因。在改革开放初期，西方被视作舒适的物质生活、合理的制度建构、创新精神和先进科技的代名词。但在与西方共舞的同时，中国人越来越意识到完美的西方只是想象中的乌托邦，西方神话很快破灭。西方的各种行径也对中国的国家利益不利，尤其是当其对中国加入世界贸易组织设置高门槛时，

① 包括改革派领导人在内的一大批人认为，如果不进行经济和政治体制的改革，国家前途堪忧。

西方守成大国对中国崛起的抵触心理更是彰显无遗。

第三，虽然中国正渐渐融入国际体系，但却又不愿意全盘接受现有的国际规范和准则。这使得中国备受各方压力。民族主义成为中国抵制这些外来压力的精神支柱。如一位学者所言：

> 外交上，（中国）虽放弃意识形态标准而尽量务实，但又不可能与西方国家采取共同的价值准则。这反而导致中国需要单方面承受外部意识形态的压力。……在这特定的历史情势中，民族主义被推举为"候选人"（陈少明，1996）。

第四，随着中国经济从计划经济过渡到市场经济，在国家经济实力增长的同时，原有的意识形态和空泛的政治口号，也在变迁的生活面前失去现实意义。因此政府需要新的对民众有感召力的精神工具，来驾驭转型时期复杂多变的中国社会。民族主义成了这样的精神工具。

在新民族主义者看来，中国的现代化与西化并无太大差别。正是西化引发了民族和文化的认同危机。为了扭转危机，民族主义者将抵制西化视为己任。但抵制西化并不意味着中国的现代化进程须被放缓，而是要认清复兴民族认同和文化认同才是重中之重。民族和文化认同是中国这一民族国家的建基所在，任何对其构成威胁的改革方案都是不可取的。要在复兴旧有认同的基础上建立新的认同，改革就不能以西化为导向，而应是“中国化”的。换句话说，现代化应与西化撇清关系，而与“中国性”建立紧密联系。这种对“中国性”的强调将“新左派”与以马克思主义、毛泽东思想为教条的“旧左派”区别开来。

如何使国家变得富强，是困扰中国现代民族主义者最主要的难题。当西方思潮随着洋枪大炮与现代化同时来到中国时，他们在西化与现代化两者间进退维谷。在激进的改革家看来，过于强调中国性和固守传统只会使国家故步自封。只有以更为开放的态度借鉴西方的普适价值观，顺其势借其力来改造中国，才有望使中国尽快重新参与到世界的角逐场。相反，保守主义者不赞成西化，他们深信，传统价值观才是开启尘封已久的民族自信心的密钥。

到了 20 世纪 80 年代以后的改革时代，知识界和政治精英们依然围绕着国家富强的途径形成不同阵营。当时的激进改革派提倡依循西方的经济和政治模式来进行改革，而保守派和左派则坚持传统价值体系，甚至提出以毛泽东的意识形态为旨归。很难将"新左派"归于这两大阵营的任何一方。不同于"旧左派"，"新左派"并不排斥改革开放政策。但他们反对任何政治上和经济上激进的改革措施。也与"旧左派"党的利益至上的立场不同，"新左派"强调国家利益高于党，党应改革自身以适应中国的现代化。"新左派"最为关心的是如何使现代化和保存独有的民族认同及文化认同这两方面并行不悖。

二、反对制度拜物教

如前所述，20 世纪 80 年代不少知识分子提倡以市场经济体制来取代计划经济体制，以民主制来取代威权政治。当时，国家领导人虽对是否应大胆引入西方的民主制仍持保留态度，但他们确实愿意在政治上适当放松。邓小平就曾强调政治改革于经济发展的必要性。经济改革则在国家调控之外，加入市场调控，促进经济发展和运行。

值得一提的是，早在东欧剧变之前，中国的知识分子就已开始对"西化"导向的改革策略进行了反思。20 世纪 80 年代末风靡一时的新权威主义及关于它的论争，正是这一反思的直接产物。之后，东欧剧变使得中国的知识分子更加确信："西化"导向的改革很可能使经济和政治走向秩序的反面。为了避免欧洲的失序和混乱在中国重演，"新左派"正是在这一背景下登上了话语舞台，它反对任何形式的激进改革，为以集权政权来引领中国发展的合理性正名。

反制度主义，或曰新保守主义，是"新左派"的重要一支。20 世纪 80 年代的改革派主张以西方制度来取代中国旧有的体制。反制度主义者则认为此法不可取，外来的制度无法在中国生根，如果一味以建立西方制度作为实现现代化的指标，政治和经济灾难就会接踵而至。改革仅仅意味着改变和革新现行的制度，并不是非要以相异的外来制度取代之。"新左派"的代表人物萧功秦指出，中国的现代化不应以西式的民主制和自由市场经济为目标。在西方，民主与自由市场机制得以良性运作，皆因社会内部存在着若干社会、经济、文化因子作为支撑条件。当人们为了在中国取得上述效能而孤立地搬入某一西方制度时，由于中国社会缺乏相应的社会条件，结果往往适得其反。

因为任何由传统计划经济体制这一母体所滋养的力量都与其具有先天的亲缘性，所以中国的政治精英将目光投向西方制度，以期寻找外来变革力量也就顺理成章。但西方模式亦是在西方的社会、经济和文化土壤中孕育而生的，激进改革派忽视了这一点，他们将西方模式移植到中国土壤的构想便也将很快幻灭。当新旧制度的连续性被抽离，民族认同的危机就在它们之间的裂缝中浮现了。

"新左派"将中国改革在 20 世纪 80 年代所遭遇

的挫折归咎于西方制度至上论者。他们的激进改革政策和政策建言——如 80 年代末的以价格闯关促经济改革，又如自由经济派所主张的曾施行于东欧的“休克疗法”，再如不少知识分子和主要改革派当权者一再强调的以西式民主制度为自由市场经济建基——致使国家政治失序。

东欧剧变及相应的经济失序，促使人们重审集权制的意义。政权这一顶梁柱一旦崩裂，民族国家便“呼啦啦如大厦倾”，更勿论架构于其内的政治和经济改革。因此，盛行于 20 世纪 80 年代的政治改革和经济改革齐步走的倡议，并不为“新左派”所称道。在他们看来，能为中国的自由市场经济保驾护航的并非自由民主制，而应是中央集权制。只有这样的强势政权方可有力地支撑起国家这一大厦以容纳改革，也才有能力应对经济现代化将带来的任何不可期的结果。

萧功秦在他的文章中谈到威权政治于经济现代化的必要性：

> 现代化发展不得不求助于强大的国家力量：通过强人政治的有效统治，来维持整个社会发展的秩序与安定，为经济的繁荣与发展，以及为中产阶级的发育、壮大，创造一个比较稳定的社会环境（萧功秦、朱伟，1989）。

在西方，自由市场机制或称"看不见的手"是在没有政府干预的情况下独立发展成型的。但在中国，国家这只"看得见的手"，在打造市场这只"看不见的手"的过程中起着不可或缺的作用。

如此看来，中国的政治改革应旨在建立一个新权威主义的而非西式民主的政权。萧功秦在文章中进一步指出，新权威主义往往借助传统的价值体系作为凝聚社会精神的支撑点。而传统的价值体系具有强烈的专制导向，它暗示着权力的集中和个人崇拜，这很可能使新权威主义的治国者推行强权政治，追求权力的个人化而又缺乏有效的监督，由此而产生的便是权力的滥用和政治的腐败。从这一点来看，新权威主义可能成为民主化的重要障碍。但作为一种政治理论的新权威主义，对中国现代化模式的选择具有一定的参考和启迪作用。这是因为：首先，新权威主义的治国者并不排斥现代化。由于其威权的合法性来源于民族主义及现代化，新权威主义“高度强调经济发展、普及教育等目标，以获得最大多数民众的支持”。其次，新权威主义凭借庞大但有效的国家体制和强有力的军事力量，来实行自上而下的统治。最后，新权威主义对西方的资本和先进的技术、文化采取开放的政策，希望借此来推动本国市场经济的发展（萧功秦、朱伟，1989）。萧功秦的这些观点在中国知识界获得了广泛认同。

三、中国经济改革理论的“本土化”

“新左派”的另一分支试图将中国经济改革的理论本土化。他们强调，必须同时在理论和实践两方面建立起中国改革的新模式。时值 20 世纪 80 年代，中国的改革者还未就经济改革形成清晰的思路，他们愿意倾听西方经济学家和来自国际经济组织的看法。1980 年和 1988 年，美国经济学家米尔顿·弗里德曼（Milton Friedman）两次访华，在中国的知识界和改革派政要中反响热烈。

但随着以西化为中国经济改革走向定性的提法付诸东流，中国的改革在"新左派"眼里已然胜利在望，因为它成功抵御住了西方的影响。但"新左派"马上又面临着建构本土经济理论的任务，因为只有这样，才能手持有力的理论武器继续与西化相对抗。

激进的改革措施如"休克疗法"和"大爆炸"直接引发了东欧的政治经济大混乱，在"新左派"看来，这全应归咎于这些国家的当政者试图以西方新古典经济原则来指导本国的经济改革。事实证明，西方模式一旦被移植他方就很容易水土不服。中国的经济改革不照搬任何模式，也无法用西方的经济范式来加以阐释。如崔之元所言：

旧范式是新古典主义经济学。此范式的核心观念是“矫正价格”（“getting the prices right”）和“矫正所有制”（“getting property rights right”）。东欧改革的设计者是这一范式真诚的信徒：一系列被广泛称为“震荡疗法”（“shock therapy”）或“大爆炸”（“big bang”）的急速价格开放和私有化计划，是新古典主义范式自然的政策归趋。但与此强烈对比的，是中国并没有实行“一步到位”的价格开放……因此，在新古典主义经济学家们看来，中国的改革似乎是走上了歪路（崔之元，1995）。

那么究竟该如何解释中国的改革成就？“新左派”认为，不可将中国的实践经验削足适履，硬塞入西方的社会理论框架内，而应为其特制本土理论。“新左派”的领军人物甘阳指出：

今日所说的社会科学，即西方社会科学乃是在西方本身“社会变迁”的过程中形成的，它不仅体现了西方人对西方这一社会变迁过程的自我理解，同时也是这一变迁过程中各种复杂社会政治因素的作用结果（甘阳，1994）。

"新左派"呼吁中国改革理论的本土化。然而，他们所提出的种种理论还远未形成完备的体系。

四、"赶超"还是"比较优势"

改革开放前的中国曾一度被世界经济体系所孤立，改革开放后的领导人意识到这种孤立状态是新中国成立后经济迟迟不见起色的主要原因。他们相信，中国想要实现现代化，就必须融入世界经济。改革开放政策正是在这样的背景下出台的。

改革开放使得中国经济日渐融入世界体系。到了20世纪80年代末，中国的经济学家开始为国家的出口导向型经济实践提供理论依托，并为深化中国参与世界经济寻求更多可能路径，其中具有一定影响力的有国际大循环理论、比较优势理论、国际分工理论、海外投资理论等。这些理论有着共同的要义，即只有充分融入世界经济，中国才能利用自身的比较优势与他国在国际市场上一决雌雄。

1989年后中国经济改革的势头一度放缓。1992年，邓小平高调视察南方，意在发起新一轮改革。视察南方后，中国的对外经贸飞速发展，知识界就这一新经济现象展开讨论。众说纷纭中，毕业于美国芝加哥大学的经济学家林毅夫及其合作者提出了比较优势理论（林毅夫、蔡昉、李周，1994a，1994b，1995，1996）。他们指出，毛泽东时代的赶超战略使中国的经济发展严重受阻。这一战略以高度集中的计划经济体系为依托，各级政府介入经济活动。在计划经济体制下，经济绩效差，福利分配难以遵循理性经济法则，还常常引发通货膨胀。这使得人民生活水平难以提高，中央和地方收入也捉襟见肘。反之，邓小平时代的比较优势战略则大大推动了中国的经济发展。在国内，经济放权赋予地方政府和个人更多自主权，使他们得以放开胆量搞活地方经济。在国际上，开放政策使中国能够发挥比较优势参与国际市场的竞争。

既如此，中国的经济改革为何依然困难重重？在林毅夫看来，这皆因战略的转换不够彻底，经济政策依旧带有昔日赶超战略的余迹。唯有大刀阔斧深化改革，为自由市场的良好运作提供配套机制，才能将比较优势战略贯彻到底。

比较优势战略很快招致"新左派"和其他反西化学派的反对声浪，他们的反对理由主要有三点：

第一，比较优势战略要使中国经济紧跟世界经济发展的风向标，虽然中国可因此而在经济上获益，它的政治独立性和国家安全却将受到挑战。"新左派"的干将石中认为，比较优势战略的逻辑被推向极端后，就存在这样的危险："这将使中国把自己的命运交在他人手中，允许自己的经济前途、国家安全取决于别国的战略利益。"（1995：11）将中国经济整合入国际体系将会给国家的发展和安全带来隐患。石中继而指出：

国家安全并不仅仅是一个军事概念，而是一个经济概念……现代的产业技术恰恰可以做这样的分类：一类产业技术是可以控制他人，使他人依赖于自己的；而另一类产业技术却恰恰相反，它可以使一国依赖于他国，受他国控制（石中，1995）。

中国的近现代史告诉我们，依赖最终会导致国家主权的沦丧。鸦片战争前，中国经济在许多方面依然遥遥领先于西方，但工业尤其是军工技术在西方的蓬勃发展给了中国致命一击。中国的政治精英因此意识到赶超的迫切性，只有实行赶超战略，才能让中国这一后进国免受他国欺辱。

毛泽东的赶超战略引发并遗留下各种经济问题，但不得不承认的是，也正是这一战略使中国得以建立相对独立的经济体系，不受他国挟制。尽管中国经济自 1978 年以来取得了傲人成绩，但在许多核心产业技术上仍旧远远落后于西方先进工业国，故此，石中提醒道：

中国如果不搞赶超战略，就很可能被新的技术革命再次甩到后面，这次很可能比十九世纪更惨……因此，建立独立、完整的工业体系，仍应是中国的长远目标（石中，1995）。

鉴于相对落后的中国经济无法与西方跨国资本相抗衡，比较优势战略无法保护民族产业免受激烈的国际竞争的冲击。民族产业被视为中国的脊梁骨，将支撑起中国的大国地位。而比较优势战略却为海外资本打开大门，它们潮涌而入，对民族产业不宣而战。跨国资本抢滩登陆中国，在不少国人看来，其来势汹汹意在挤垮民族产业，以达到永久占有中国市场的目的。

比较优势战略要求中国遵循由西方所定义的国际秩序，而这往往与中国自己的国家利益相冲突。新保守主义的代表人物何新建言，当政者应学习毛泽东的国际战略，将国家利益放在首位，在国际社会中大胆推行对本国最为行之有效的准则。

此外，中国能否发挥比较优势，还取决于特定历史时期的国际环境。"新左派"们曾预言，随着苏联的解体，中国的国际环境甚至会变得更糟。中国无法利用比较优势与西方先进国家竞争。事实上，西方国家尤其是美国，已经感受到中国的比较优势所带来的“威胁”，这正是他们对中国施加技术禁运和贸易制裁的原因。

第二，“新左派”反对中国实行出口导向型的经济发展模式，认为该模式会使中国经济失去独立性。在毛泽东时期，中国奉行以进口替代为主搞外贸的经济发展模式。20 世纪 80 年代以来，随着对外开放成为基本国策，中国的经济发展开始转向出口导向型模式。如上所述，改革派领导人视出口导向型模式为中国经济发展的命脉。这一模式在 1992 年邓小平视察南方后再次备受瞩目，在南方谈话中，邓小平强调要学习东亚模式，深化中国的经济改革。但“新左派”却不以为然。他们认为，作为一种依赖型发展模式，出口导向型发展模式会对中国经济的长远发展带来负面影响。如国务院发展研究中心的刘力群所言：“出口导向经济模式的最大缺点，是受国际环境影响太大。对欧美市场需求的依赖性极大，只要国际市场发生小变化，就会造成本国经济大波动。"（刘力群，1994：44）这种情况在东亚其他国家中屡见不鲜。在国际经济中，关税、配额、信贷、投资、汇率等国际经贸条件实际上是由西方发达国家控制的，而出口导向小国只能对它们唯命是从。一旦这些小国的发展触及发达大国的利益，就不可避免地要受到制裁（刘力群，1994：44）。

据"新左派"的预见，虽然在过去十年间中国从出口导向型发展模式中短期获益，但以长远计，中国继续依赖这一模式的前景不容乐观。如果中国的社会主义体制改革不统一到西方发达国家的制度上来，不在经济上与西方国家同集团，西方就不会允许中国出口导向型经济的发展。刘力群认为（1995：445），迄今为止出口导向模式在东亚的成功有赖于三项外部条件：冷战中的政治军事同盟是单向优惠的基本条件，经济贸易同集团是产业、技术升级的必要条件，社会经济同体制是既依附又竞争的自由贸易的一般条件。很显然，如果中国继续奉行出口导向的经济模式，就会受制于西方发达国家。

再者，即便中国继续属意于出口导向型发展模式，这一模式在中国也将难以为继。原因之一在于，促成此模式在东亚其他国家生效的上述三项历史条件已不复存在。其二，西方并不乐见中国崛起。早前，西方有意将中国纳入世界经济体系，但随着中国经济迅猛发展，对西方的经济，甚至军事和政治构成挑战，西方既得利益者开始将日益强大的中国视为洪水猛兽，对其采取坚决遏制的态度。

综上来看，走出口导向型经济之路不符合我国利益。一旦中国经济在更深层次上融入国际体系，西方将在他们所定义的规则中找到更多遏制中国的选项和突破口。因此，有必要重新思考中国的发展战略。即使出口导向的经济模式可以满足眼前的利益需求，但“从我国长远利益看，还是独立比依附好”。

第三，比较优势论者言称，废除计划经济体制，以市场取而代之可以深化中国的经济改革。“新左派”对此持不同意见。他们认为要想取得经济改革的更大成功，反而应当加强政府的经济规划职能。但这并不意味着回到旧有的计划经济体制，相反，“新左派"倡议一种全新的计划经济模式。

比较优势论者和"新左派"对计划经济所持观点的相左，体现在他们对东亚经济奇迹的不同解读上。前者将之归因于比较优势发展模式，后者则认为政府的"计划理性"造就了这些国家的成功。"新左派"进一步指出，回观中国，也不乏计划理性的实践，毛泽东时代的赶超战略正是这类实践的典型体现。从经济绩效来看，即使在"文革"时期，中国的表现也并不差。旧的计划体系拒斥市场经济，政府应通过主动计划引入市场体系。只有当纲领性的经济发展计划与市场规律发生耦合效应，政府根据市场规律指导经济，中国才能避免俄国那样的因一味强调"市场理性"而产生的经济混乱。

五、新集体主义的理论抱负是什么？

"新左派"有两大理论抱负：其一，证伪西方模式在中国的可行性；其二，为中国的改革和经济增长提供本土的理论依托。包括比较优势论者在内的新古典主义经济学家们将中国已取得的成绩归功于以西化为导向的改革，并认为，经济增长能否持续，取决于中国是否能真正建立起自由市场机制、实现私有化。“新左派”则坚持，是毛泽东时代的制度为其后中国经济的发展打下了基础。此外，古典主义经济学家将关注点投注在经济发展本身，“新左派”则更关心经济发展对社会公平、政治稳定及民族团结的影响。

毛泽东强调平均主义。在他看来，社会公平比经济效率更为重要。邓小平的改革则改变了这一逻辑。他提出“让一部分人和地区先富起来”，以充分调动个人和地方的积极性。他相信，劳动者的主动性才是让经济充满活力的秘方。这项政策无疑以牺牲分配的平均性为代价，它使各地区和各社会群体间的贫富差距日益拉大。“新左派”忧心于此种状况继续发展最终会使苏联的悲剧在中国重演。他们指出，苏联的领导人误入了“制度拜物主义”的歧途，抛弃共产主义传统，转而奉行西方的经济原则，最终自食恶果。为了避免步苏联之后尘，也为了给经济发展注入新的活力，中国必须重拾毛泽东时代的传统，妥善运用毛泽东的理论遗产。

"新左派"指出，毛泽东的理论对于中国经济增长的贡献在于它的集体主义。这一点在农村发展上尤为明显。在邓小平时代，农村经济增长势头强劲，但农村的发展最早可以追溯到毛泽东时期。中国的许多地方尤其是沿海省份，早在毛泽东时期，甚至是"文革"时，就已打下了经济发展的基础。即使是到了邓小平时代，毛泽东的集体主义依然是这些地区经济的实践框架。换句话说，邓小平的改革只是提供了一个政治条件，使得毛泽东的集体主义能够对农村的经济增长发生效力。邓小平的改革并没有为以私有化为基础的西方资本主义在中国农村寻得市场。即使改革已推行了十年有余，私有化依然不是主流。集体而非个人才是经济活动的主角。"新左派"将这一中国社会所独有的社会经济组织方式称为新集体主义。在他们看来，正是新集体主义促成了农村经济的高速增长。

“新左派”并不认同简单否定毛泽东所倡导的意识形态。对许多地区的地方官而言，毛泽东主义依然是他们投身于地方发展、为乡民谋福利的“精神”指引。尤其在农村，毛泽东主义在缩小农民间的贫富差距、维护社会稳定上起了重要作用。为了深化农村改革，必须继承而非摒弃毛泽东的集体主义，并根据实践的需要对这一遗产做相应的改良和发展。[①]

“新左派”还提出，中国如果想要深化工业改革，发展国有和集体所有制企业，就不应盲随任何西方模式。制度拜物教（西化）最终使得东欧的社会主义走向破产。中国若要避免这样的悲剧，就不应该以西方理论来指导自己的改革实践。私有化、私有产权这些资本主义手段是西方文明这一土壤的产物，不可盲目移植到中国。无论是“矫正价格”，还是“矫正所有制”，都无法在中国实现经济的强劲增长和社会的稳定。拥有一套自己的理论来指导自己的发展

① 根据南街村的案例研究，毛泽东的意识形态和他的集体主义制度在引领该村的经济增长上发挥了重要作用。见邓英淘、苗壮、崔之元（1996）。

才是题中要义。在过去，不少领导人在做经济决策时惯用西方思维，没有善加继承毛泽东的理论遗产。但在崔之元看来，毛泽东时期的大民主实践为现代企业的生产提供了或许不是唯一的，但至少是其中之一的最有效的管理模式。他尤其赞赏"鞍钢宪法"，认为以此为例的毛泽东的生产管理模式堪比西方的后福特主义。

六、政治民主和经济民主

"新左派"也呼吁中国的政治民主化，但他们提出民主化不等同于西化，西方民主所强调的言论自由、政治参与权和多党制并不是民主的唯一要义。他们在毛泽东的理论和实践中发现了重要的民主元素，并认为若能对这些元素善加发展，将使它们在中国的民主化进程中展现出新的生命力。

崔之元提出，民主包含整合和议事两个方面。

前者强调民主的形式，指将不同人的既有取向聚集起来，而这一般是通过选举过程中的投票来完成的；后者强调民主的实质，指将既有取向通过公共讨论转化为政策。在中国，“整合”远比“议事”受到研究民主的学者的关注。中国议事民主理论的雏形可以追溯到毛泽东时代，它强调非集中化的协调，为20世纪80年代以后中国经济的高速发展打下了基础。这是因为，经济和政治的非集中化鼓励地方组织和个人参与到国家发展中来，从而极大地激发了地方积极性。这从如雨后春笋般一批批涌现的乡镇企业可见一斑。作为一个突出的例子，经济的议事民主在“鞍钢宪法”中得到了充分体现。“鞍钢宪法”所提供的制度框架，保障工人在生产过程中有权发言。议事民主也调动了地方各级政府的积极性，使它们在经济发展中扮演重要角色。因此，在“新左派”看来，中国经济体制的指导思想应是议事民主或经济民主，而更能促进经济民主发展的恰恰是毛泽东的理论遗产而非东欧的私有化浪潮。

在政治上，“新左派”提议从毛泽东的理论，特别是他的“大民主”理论之得失中寻找借鉴意义。他们认为，毛泽东所倡导的“大民主”并非政治斗争，而是一次“人民群众创造历史”的大实践，意在克服西方主流现代性的内在矛盾（规律 vs. 解放）。毛泽东的“大民主”社会实验是要使全民参与到政治民主和经济民主中来，但由于种种原因，“大民主”在实践中被扭曲了。“新左派”因此呼吁以“经济民主”和“政治民主”建立起毛泽东所孜孜以求而未得的“开放性制度”。若能实现这一构想，那么中国就真的以自身的实践对西方主流现代性进行了重构，建立起中国自己的民主，从而真正“自立于世界民族之林”。

结论

“新左派”的理论虽然以反对中国西化为特征，实则是对国家认同危机的反应。这使得它所体现的新民族主义更为错综复杂。“新左派”的反西化运动与中国近现代史上的排外运动有着本质区别。这些排外运动发生在国家危亡的背景下，由政治精英自上而下发起，意在抵御外虏的武力和思想侵略。“新左派”则正视西潮涌入中国的必然性。他们所指摘的并非中国融入世界这一历史所趋，而是中国的发展刻意照着西方模式亦步亦趋。

为了避免西化成为中国现代化的主导话语，“新左派”致力于构建扎根于本土实践经验的中国话语。传统的排外主义由外强侵略这一外因所引致，“新左派”的理论则是对中国国内的新发展这一内因的反应。随着中国羽翼渐丰，是时候该在众声喧哗的西方话语中发出中国自己的声音了。如此，中国的国家认同和对外影响力都可得到加强。

大多数人关注改革与发展之间的关系，“新左派”则看到改革与国家认同间的因果联系。他们将西化导向的改革视为国家和民族认同衰微的主要原因。随着改革开放的深化，传统的马列主义毛泽东思想对中国新时期的发展渐渐失去解释力。于是不少人转而将目光投向自由市场和民主等发源于西方资本主义国家的意识形态，但这显然不被社会主义国家的执政党所看好。在中国共产党的强烈反对下，想用西方意识形态来填补马列主义毛泽东思想所留下的理论空缺自然困难重重。如何建构能同时被政府和民众所接受的新的主义？"新左派"认为这一新意识形态必须以反西化和植根于中国的本土经验为特征，并旨在加强民族凝聚力和国家认同。

邓小平曾倡议人民的"思想"大解放，并提出对于能促进经济发展的手段应不问出处。面对新的改革实践，"新左派"提议展开新一轮的"思想"大解放。这次解放须强调改革的"中国性"，以避免苏联西化后的厄运。现存的西方理论关注自由市场、非政府介入、私有化和自由贸易，无法为充满活力的中国经济现状提供合理解释。也难以指引中国未来的改革和现代化进程。自由市场经济可以帮助我们强化对传统计划经济的认识，却不能有效地指导中国的改革。当实践无法为理论框架所容纳，也正是到了对常规理论提出挑战并进行革命性的重新思考的时候。

为了更贴切地解释中国改革的成败，有必要构建立足于中国改革的复杂现实的新的理论。无疑，“新左派”意在从理论入手，对中国改革的实际进程产生影响。

“新左派”的关注领域涉及20世纪80年代以后中国发展进程中所遇到的最主要问题。它的反西化和寻求民族主义的理论路线为其在执政党尤其是老一辈理论家中寻得市场。而它对改革所产生的分配不均、腐败、拜金主义等大量负面结果的反思也使其在社会各群体中引起广泛共鸣。但“新左派”终究难成气候。二十年的经济改革造就了新的中产阶层，在很大程度上重组了社会结构，也使资本主义对中国经济发展思路的深刻影响成为不容回避的既定事实——这些都奠定了自由主义在中国政治和经济上的主导地位。“新左派”无力与自由主义在当前的理论战场角逐，也很难争夺到对中国未来发展走向的定义权。

第四章

文明的冲突？儒家文明 vs. 基督教文明

一、现代中国的民族认同和民族主义

几个世纪前，法国哲学家让－雅克·卢梭（Jean-Jacques Rousseau）在建立科西嘉岛宪法时，指出了文化主义对于国家存亡的重要意义。他说："我们已尽了最大努力来平整未来国家的基座：现在该在这一基座上勾勒大厦的雏形了。先要找到民族特性来为这一国家大厦定义风格；假使寻而未果，我们也定要创造一个。"在卢梭看来，一个政治意义上的国家，只有同时是文化和精神的共同体，才能经受住各种考验，这样的国家即便暂时落入外族统治，也有希望存活下来。同样，德国思想家约翰·戈特弗里德·赫德（Johann Gottfried Herder）也指出，文化民族主义的形成是德国崛起为强大的民族国家的先决条件。

若无有力的文化支持，德国将无处可往。受到赫德的启发，以经济学家弗里德里克·李斯特（Friedrich List）为代表的民族主义学派，在各民族间“不平等交换”或“非均衡发展”的语境下理解民族主义。他们提出，通过发掘民族的独有个性来构建和强化民族主义。

那么该如何塑造文化民族主义呢？这也是几代中国民族主义者所苦思冥想的问题。早在西学东渐的初始，中国的政治精英和知识分子就意识到，可以以民族差异为平台，来搭建中国的文化民族主义。从更广义的角度理解，民族差异即是文明差异。中国传统的文化主义孕育了民族主义，而民族因素对中国现代民族主义的建构起了核心作用。西潮的涌入催生了现代中国民族主义，后者作为对前者的反应，宿命般地肩负起了保全中华文明的使命。

前面提及，孙中山的民族主义强调如何保全和延续中华文明，如何使饱受强虏欺凌的中华民族免遭灭族之灾。按照这一思路，建构中国民族主义可以从两种区分入手，即国家内部的汉族和少数民族之间的区分，以及中华民族作为整体与境外异族的区分。凝聚汉人便可以凝聚中华民族，而要使中华民族自立于世界民族之林，就应将民族主义建立在中华传统文化和文明的基础上。

孙中山认为，只有建立起以汉族为中心的民族主义，才能真正实现满族、蒙古族、回族和藏族间的民族和谐，也才能将所有民族凝聚成中华民族这一整体。满族统治下的清王朝频受西人欺凌，也使得中国各民族人心涣散，将其推翻是历史所向。但孙中山也指出，推翻清廷并不是民族主义的“正向”目标，但只有先将这一“逆向”彻底铲除，才有可能实现拯救中华民族这一“正向”目标。

此外，孙中山也强调中华民族与他族的区别：

人类的分别，第一级是人种，有白色、黑色、红色、黄色、棕色五种之分。更由种细分，便有许多族。像亚洲的民族，著名的有蒙古族、巫来族、日本族、满族、汉族。中国人黄色的原因，是由于根源黄色血统而成。祖先是什么血统，便永远遗传成一族的人民，所以血统的力量是很大的（1927）。

孙中山的民族主义成为国民党的教义，并在发动民众抵御列强和统一中国时发挥了重要作用。无疑，共产党也有效运用了民族主义来实现建立其理想中民族国家的目标。民族主义曾帮助共产党发动群众反抗日本侵略者，也为其赢得民心而最终从国民党手中夺得执政权。在国内民族问题上，新中国成立不久后，实行民族区域自治制度，国家内部各民族的民族主义因此而被弱化。同时，党又用“爱国主义”来取代中华民族的民族主义，以此突出民族和国家的同一性，实现国家统一和境内各民族团结。

二、儒家民族主义？

前面提及了两种区分，即汉族与少数民族的区分及中华文明与其他文明的区分。需要指出的是，新民族主义是在后者的语境下产生的。但这并不意味着中国境内的族群民族主义可以被忽视。

王赓武指出，民族主义虽然可以激发民众热情，却也可能引致一国内部各族群间的相互猜忌、恐惧和敌意。因此，若国家建构不能合理展开，身份认同达不成共识，尤其是当各族还未融合成整体，却被硬生生地圈囿在国境内，它们势必努力挣脱这种捆绑（1995：48）。

为执政党在新时期寻找新的执政基础是中国知识精英的重要任务。在新民族主义者看来，党需要新的合法性基础来巩固执政权，而这又是国家在激烈的国际竞争中立于不败之地的前提。由于党的传统意识形态式微，尤其是知识界不再唯共产主义马首是瞻，国家认同危机一触即发。在社会层面，人们在经济大潮中迷失了方向，成为金钱的奴隶。钱袋子的确鼓起来了，信仰却有些空荡荡的。

新民族主义者认为这一信仰缺失使国家裹足不前，通过再造“主义”来填补精神真空已经刻不容缓。康晓光指出，当前最大的问题是精神疲软。十几亿人口没有一个主义，大家跟着感觉走，长此以往国将不国。苏联如此庞大的一个帝国，几天之内就分崩离析了，最重要的原因是意识形态衰败了、没落了。它的思想、它的价值、它的主义不能再为它的政权赋予号令天下的合法性。根据这种前车之鉴，能否再造主义亦是中国这样的多民族大国存亡的关键。

那么，究竟该再造何种“主义”？一些人提出它应是民主和自由主义。越来越多的知识分子则坚信它是蕴藉于中国传统价值观的民族主义。这是因为，民族主义作为一个民族个体间情感的有力维系，是最具实效性的意识形态。一个民族辉煌的历史和文化、祖先的勇气和智慧可以激发出强烈的民族自信心和凝聚力，为其领袖的政治权威提供合法性。通过诉诸民族主义，政治领袖得以有效地带领民众度过各种危境。按萧功秦的话来讲：

> 唯有民族主义才能对人们产生一种最直接、最自愿、诉诸人的亲缘本能的感召力。正是在这个意义上，可以说，只要人类还存在着各个不同的民族，

相对于其他意识形态的实效性而言，民族主义可以说是一种实效性最为长远的意识形态。从国家政治层面上来看，民族主义的情感与理念是一种极为珍贵的、“天然”的政治资源。（萧功秦，1994）

该如何创造新的民族主义？毋庸置疑，它不是也不该是对传统儒学或近现代史上民族主义的简单回归。萧功秦指出，传统儒学、党的社会主义传统、爱国主义、反帝革命传统、中国的国际环境等因素的糅合及对它们的创造性解读，为新民族主义的萌生提供了丰厚土壤（萧功秦，1993）。

新民族主义应以儒学为基的观点受到学者们的认同，但不可犯拿来主义，而应在新的时代背景下对儒家教义进行重新阐释。现代中国民族主义的干将梁启超曾指出，儒学所推行的理念，在诸多方面不相容于现代民族主义，故应对前者先行改造和转化，方可为后者所用。萧功秦将中国近代自卫型民族主义分为两种类型：以儒教卫道派为代表的“儒家原教旨”的民族主义和现代化进程中产生的务实的民族主义。前者具有保守性、非理性和排外性的特征。面对西方列强的威逼和侵凌，一味要求排外以避害，回归传统以保全国家。相反，后者则提出，引进和效仿西方先进制度才是摆脱外来威胁的必由之路，今天的中国需要的是这种务实的民族主义。

在传统中国，儒学一直是主流文化形式。在当前的现代化语境下，中国能否在经济高增长和政治稳定间找到平衡，取决于能否对儒学进行传承和创造性地运用。萧功秦强调：

> 由于主流文化是一个民族的政治精英、知识精英与民众文化认同的基础，当一个民族的主流文化价值成为这个国家的中心象征的组成部分时，它就对于这个民族的凝聚力和民族共识的形成，具有重要的意义（萧功秦，1994）。

在漫漫历史长河中，中华民族共同应对自然和社会环境的挑战，儒学正是这一集体经验的思想结晶，这一属性使它成为民族的有效黏合剂。

照此理解，中国的民族主义等同于卢梭所说的“民族特性”。事实上，现代中国的改革家严复也曾注意到“国性”对国家存亡的重要性。各国国性大相迥异，但都反映了国家的独有文化和价值观。民族性绝非一蹴而就，通常需要数千年的积累和沉淀。只要民族性尚存，哪怕被外族所征服，该民族也不会覆亡。严复指出，中华民族的民族性将五湖四海的华夏子孙凝聚到一起，形成了今天的中国，这首先要归功于儒家学说的教化。经历了数千年的发展演变，儒家经典已成为中国之所以为“中国”的文化之源。而它又历久弥新，在西学东渐和社会大重整的革新时代，儒学依然是稳定民心、将他们凝聚在一起以抵御洋枪利炮的强大力量。[①]

萧功秦看到儒家的制度和文化遗产于新民族主义的意义。他提出，中国的现代化，可以启用以儒家主流文化为基础的民族主义，作为社会凝聚与整合的新的资源，这基于两大原因：首先，儒学已不

---

① 严复的民族主义理论详见 Schwartz（1964）。

具有“抗现代性”的特质。儒学在近代之所以成为排拒西方近代文明的基本支点，并起到抵制中国现代化变革的消极作用，乃是由于儒学与传统封建专制政治相结合，从而形成官学化的意识形态。如今，这种制度基础已经瓦解殆尽。其次，儒学的道德自主性和“为万世开太平”的社会使命感，使其能够实现现代民族主义的凝聚功能。在人们可以作为权利义务主体而享有多元选择机会的时代，它有可能成为真正的依托点。

儒家民族主义植根于当今中国的国内发展情况和所处的国际环境，同时又为这两者所需。首先，在社会层面，人们的价值观变得更为实际。现代化和经济高增长改变着日常生活的方方面面，也使民众意识到国家利益与个体利益休戚相关，而国家利益正是现代民族主义的核心内容。其次，旧的官方意识形态无法再凝聚人心，它的衣钵需要新的主义来承接以将民众团结在政权周围。民族主义恰恰可以胜任这一角色。最后，中国的国际环境日趋恶化。西方将日新月异的中国视为潜在的竞争对手，意欲对其进行围堵。这必然挑起国人的民族主义情绪。在中国近现代史上，外来势力最猖獗的时期往往也是民族主义呼声最高涨的时候，外来威胁使共有同一文化、宗教、习俗和历史的个体醒悟到——他们的命运被捆绑在一起。

此外，历史记忆也可以激活民族主义。在萧功秦看来，虽然中国在当今时代并不存在某一具体的、对中国人的生存条件构成直接威胁的外部敌人，但近百年来的历史遭遇、深重的屈辱与挫折，使中国人有一种积淀于心理深层的情结，一种被人们称为“强国梦”的情结。

启用儒学作为新民族主义的要义，还需要重新审视它被文化激进派和党的爱国主义意识形态所诟病的历史。不少知识分子指出，儒学于民族主义的价值之所以迟迟不被发现和认可，很大程度上在于现代激进主义对文化民族主义具有抵触性。1919 年，中国的激进派知识精英发起了五四新文化运动，其主旨之一就是“反孔教”。他们认定儒学是阻碍国家进步的陈腐思想，拒绝以它为核心来定义中国文化。

五四传统影响了中国几代政治家和知识精英。他们奉行反传统主义，这一主义运用到中国，就是要坚决抵制儒家主流文化，为实现国家富强扫清积尘腐叶。儒学的历史性退位意味着能凝聚中华民族的最重要精神资源流失了。

作为革命的力量，中国共产党的意识形态继承并推进了反传统主义理念。毛泽东和党的其他领导人都认为孔教是典型的“封建思想”，必须加以铲除。此外，在苏联的影响下，民族主义在 20 世纪 50 年代的中国被斥责成资产阶级思想，是新兴资本家用来反抗封建贵族统治的手段。民族国家也被认作资本主义发展早期的历史性产物，必然随着国际主义和垄断资本主义的到来而消亡。马克思主义者提出“工人阶级无祖国”。中国共产党信仰马列国际主义，在其所介入的国际冲突中，国际主义信仰有时与中国的国家利益相一致，如 20 世纪 50 年代的抗美援朝战争和 60 年代的抗美援越战争；但有时与中国的国家利益并不完全一致，于是国际主义对民族主义构成了挑战。

正是在这一背景下，自 20 世纪 50 年代始，中国共产党启用爱国主义的意识形态来凝聚民心。民族主义一直被党视为资本主义的产物，因而被排除在其意识形态之外。爱国主义顺理成章地成为官方意识形态的主梁，但新民族主义者质疑爱国主义上位的合理性。它由边缘文化杂糅而成，缺乏儒家正统价值观的支撑。萧功秦指出：

> 爱国主义作为官方意识形态主要诉诸传统的边缘性文化因素作为自己的思想材料。例如，传统的下层劳动民众的智慧、反抗外族侵略者的勇敢精神、四大发明和其他一些古代科学技术成就等等（萧功秦，1994）。

无疑，建立在这些非主流文化因素上的爱国主义“并不能起到作为民族中心象征的作用”，它作为政治共同体内的社会成员凝聚力的力度是相当有限的。因此，如果要使爱国主义成为团结民心于政权周围的重要力量，就应为其改头换面、重建理论基础。

社会主义意识形态也应成为新民族主义的重要元素。政界和知识界一致认同社会主义是实现中国富强的必经之路。在这一意义上，中国的社会主义其实就是民族主义。此外，新中国成立几十年来，作为最核心的官方意识形态，社会主义已经深入人民思想和实际生活的角角落落。从革命到改革，它对平稳承续政治秩序和执政党的权威有着不可取代的作用。

从具体操作层面来看，社会主义也很容易被整合入新民族主义。党正是在社会主义的旗号下，将国家的经济增长和社会发展推进到新的高度，它在经济上的作为已成为其执政合法性的主要来源。只要发展主义牵头国家走向，经济增长率就一直会是政权合法性的重要依靠。但萧功秦不看好发展挂帅主义，认为它：

> 对发展的方向、目标，对社会成员之间的关系以什么方式实现整合，对集体与个人之间、国家与社会之间的权利义务，对稀缺资源的分配，对精神生活与理想的追求，均无法提供足够的制约与规定（萧

功秦，1994）。

这样看来，新民族主义就应当以儒学为中心。为了使儒家思想与现代中国民族主义相容相洽，两者都须重新阐释。儒家民族主义并不是对传统儒教的简单回归，它是兼容并蓄爱国主义、社会主义、政府政绩等其他元素后的产物。但儒学对所有这些元素的整合作用却不可或缺，并与它们共同创建出一种新的、有效的民族主义。

三、文明的冲突？

一种盛行于20世纪80年代的普遍观点是：传统使中国裹足不前，对它的落后难辞其咎；西化才是中国走向现代化的唯一出路。到了90年代，情况开始发生逆转。知识界挖掘出传统文化和文明的新价值，如获至宝。西方的价值观和文化则受到了冷遇甚至攻击。造成这一现象的原因有三：第一，新民族主义是对80年代慕洋风气的反击，对西方的盲目崇拜使一种身为中国人的自卑感在社会各界蔓延，不少人开始疏离中华文化。一位民族主义者将这种对西方文化的热望和对本土文化的遗弃称作“自我憎恨”。

第二，改革在20世纪90年代所取得的硕果也是新民族主义产生的重要原因。东欧政权的倒台宣告当地改革的破产，同时也使中国成为唯一一个既实现了市场经济体制下的经济高增长，又能保持政权屹立不倒的社会主义国家。民族自卑感很快转变为民族自豪感，有不少人将传统文化视为中国成功的秘诀，对其青睐有加。

第三，塞缪尔·亨廷顿的《文明的冲突》一文也在一定程度上促成了知识界对中华文明自豪感的觉醒。在这篇文章中，亨廷顿提供了一个分析多元文明世界秩序的新框架。此文受到广泛关注，知识界围绕着亨廷顿的观点展开了激烈的论辩，其间弥漫着一股浓浓的民族主义情绪。亨廷顿的文明冲突论使得相当一批知识分子感觉到，自己是文化上的西方的异己者。

具体来看，亨廷顿的文章对中国知识分子的影响至少有三个层面。第一，亨廷顿认为儒家文明正成为西方基督教文明的主要竞争对手之一。这一观点在不少人看来意味着西方已开始承认儒家文明与西方文明相平等的地位。第二，大批知识分子在“中国威胁论”“围堵中国”等反华理论的语境下理解“文明的冲突”，这使得他们将保卫儒家文明视作自己的使命。第三，亨廷顿提出，就民主、人权、自由经济等的发展而言，西方文明是迄今最主要的推动力。但中国的知识分子看到的却是一幅全然不同的图景，西方文明在发展和扩张的过程中常常走向它所标榜的理念的反面；相反，和平与和谐曾是儒家文明圈的重要特征。这一对比暗含着这样的结论，即儒家文明优于西方文明。这一中华文明优越论主要基于两大观点：（1）西方文明的扩张带来了国际冲突，（2）儒家文明有助于各国各民族和平相处。以下将对这两点展开具体论述。

1. 西方文明和国际冲突

《什么是文明》和《经济学怎样挑战历史》两篇文章让中国社科院的经济学家盛洪在学术圈名声大噪。它们分别出现在《战略与管理》和《东方》上，两者在当时都是推介新民族主义的重要理论平台。显然，盛洪希望在理论上有所建树，他将着力点放在寻求两种联系上：西方文明扩张和国际冲突的联系、儒家文明的和谐理念与世界和平的联系。

什么是文明？盛洪提出文明应具有两个性质：其一，它认为合作比不合作要好；其二，它从多次博弈的结果来计算成本和收益。因此，文明是一种解决人们之间冲突的方式，而冲突的解决会给人们带来新增的福利。文明的本质就是人与人之间的和谐。由于各文明形成于不同的时空，当两种不同的文明相遇时，对一文明实体有益的文明规范却很可能对另一文明实体有害，于是就有了冲突。文明越发达，就会越倾向于通过和平方式来解决冲突。如果认为可以用武力来消灭其他文明规范，这种做法本身已经是不文明的了。

现代西方文明以社会达尔文主义为基础。社会达尔文主义将弱肉强食的丛林法则从自然界搬到了人类社会，很容易得出“存活下来的，或获胜的文明是优秀的文明”的结论。这一理论忽视了人与动物的重要区别，即动物没有人的谈判能力，因而不能形成文明。

以这样的理论为基础，西方文明的扩张必然导致文明间的冲突。传统解释将西方近代以来的胜利视作市场竞争规则的胜利、自由贸易的胜利；而它在军事上的胜利则是先进文明战胜了落后文明。但盛洪从近代史解读出与传统解释迥然不同的解释。他一针见血地指出：“西方在近代的兴起，与其说是依靠自由贸易，不如说是依靠坚船利炮。”这从中国近代史上的鸦片战争可见一斑。盛洪谈到，时至今日，西方主流文化还是将丑恶的鸦片战争描绘成“为自由贸易而战”的正义事业。但事实上，鸦片贸易起源于英国在中英贸易中的巨额逆差的背景下，它的直接目的是弥补贸易上的逆差。西方学者对这一事实讳莫如深，因为他们依然秉持西方文明以传播自由贸易理念为使命的信念。这一信仰传统延续至今，使得西方在国际事务上依然咄咄逼人。他们努力不懈，誓要将基督教的民主体制和人权理念输出强加到非基督教的文明社会，又对阿尔及利亚和前南斯拉夫地区的不同种族采取区别对待政策。这些在他国看来飞扬跋扈的对外行为，西方人却认为名正言顺。

即使在其文明内部，以社会达尔文主义为基础的西方文明，也无法以和平方式解决各国间的矛盾。西方各国的关系本质是竞争而非合作，当竞争趋烈时，向文明外扩张的手段曾在一定时期内起到过平息文明内战争的作用，但终究不是长久之计。盛洪指出：

欧洲近代以来的向外扩张是减少欧洲国家之间战争并使它们采取一致行动的重要因素，从殖民地、半殖民地中获得的利益又成为缓和各集团利益冲突的重要的物质补充。但殖民地和半殖民地的瓜分完毕、扩张遇到极限，又使得欧洲国家之间的关系再度紧张，最终导致比扩张以前大得多的战争（盛洪，

1995）。

更糟糕的是，西方文明的社会达尔文主义为其他文明树立了坏典型。当西方文明的理念漂洋过海，散布到世界各个角落，国家交往的常态开始越来越多地呈现为战争和冲突，和平与和谐在“兵戎相见，胜者为王”的新的国际流行法则下渐行渐远。东亚的日本是受到西方理念之害的典型例子，它一方面是受害者，另一方面又是施害者，成为亚洲的祸端。由于它在二战中策动亚洲战场，亚洲国家不得不将大量人力物力投入战争和军事发展。之后，日本又学着不愿意承认鸦片战争罪行的英国，对其二战罪行遮遮掩掩，甚至试图歪曲历史，将罪行一笔抹杀。西方现在开始担忧核武器的威胁，但“尚武”之风的发源地正是西方。

就中国而言，其近代史就是一部西化史。为了实现现代化，中国努力适应西方所制定的游戏规则。在这一过程中，中国改变了自己，也正改变着世界。

在付出了骇人听闻的代价之后，中国终于当上了世界第三大核国家。中国人自己能制造核武器的意义是什么呢？首先，这说明，按照西方人的规则玩游戏，中国人也有能力玩好；第二，按武器先进者胜这一规则进行的游戏，发展到了更为危险的地步，因为世界核俱乐部多一名成员，就意味着多一部分资源不是用于和平目的；第三，从中、西方冲突的意义上说，中国作为一个掌握核武器的东方国家，可以在核博弈中与西方国家进行同一层次的互动。但拥有核武器这一事实，对中华文明的发展究竟是助益多还是危害多，目前还很难下定论。

1978年改革开放以后，中国再次向西方看齐，最明显的是引入市场经济体制和推行自由贸易。这两项政策很快促成了中国的经济奇迹，各界对这一现象有三种解读：第一，中国又一次向西方证明，自己完全有能力在西方的游戏规则下胜出；第二，中国正渐渐成为与西方争夺资源和市场的最强劲对手，它与其他国家和地区的关系也呈现紧张化趋势；第三，经济基础的日渐牢固必然促进中国军事实力的增长，世界势力格局将因此而改变。单从这三点来看，中国似乎已成为国际竞争的赢家，但与其说是中国赢了，不如说是西方文明赢了。所有这些都是中国或主动学习西方，或由西方强加其价值观和规则后的产物。西方现在又大力鼓吹各种反华理论，中国很快也会向西方学习并学会该如何应对这一挑战，届时西方又将自食恶果。国际冲突是西方文明扩张的必然结果，为了解决这些冲突，是时候改变国际社会的游戏规则了。

2. 儒家文明与世界和平

国家间的冲突为何是西方文明扩张的必然结果？中国的文化民族主义者将矛头直指西方文明的宗教本质。

盛洪指出，宗教是以组织化和仪式化的形式来实现其道德教化的功能的。一旦形成组织，一旦有具体的仪式，就要有人专业化地从事此活动，就会有一群人的利益与宗教本身相关。再者，宗教之间的关系是竞争关系，因为上帝只能有一个。这一竞争不仅不能受到政府的规范，反而经常借用国家的军事力量，表现为国与国的战争。

既然所有以宗教为基础的文明都会导致国家之间的冲突，就需要一个不以宗教为基础的文明来调和不同的文明规范。儒家文明可以担当这一角色。盛洪分析了儒家文明的非宗教的伦理本位性：

> 中华文明是通过伦理结构来解决道德教化问题的。这种伦理本位的方法的实质，就是强调两个人之间的关系。只要任何两个人之间能够和睦相处，整个社会就能达到和谐状态……中华文明的这种性质，使她有可能成为文明之间的缓冲带和文明融合的媒介（盛洪，1995）。

不同于西方帝国主义的扩张本质，中华文明偏爱和谐，不喜冲突。毕业于美国加州大学伯克利分校的阎学通是中国国际关系学界的著名学者。在他看来，不同于西方，中国传统文化是反对霸道、尊崇王道的。历史上，虽然中国曾三度极盛，但从来都不屑于用武力来征服其周边的“夷狄”。唯一的一次向外扩张发生于元朝，而元朝本身就是少数民族夺取中原政权的产物。儒家思想秉持以德服人的对外安全战略理念，中国的帝王不认为强制性的暴力有助于帝国影响力的扩张。明朝郑和下西洋并不是要占领东南亚，相反，他为所到之国带去了丰盛的中原特产，以此来传播中华文明，实现“协和万邦”的理念。

儒家文明有别于其他文明的一个重要特点是：它不存在救赎主义的宗教，它更看重“现世”而非“彼岸”。“救赎”往往呈现为具有狂热性、扩张性与易爆性的非理性行为。不带有救赎包袱的儒家文明崇尚世俗的理性精神。中庸、和平、恕道这些因素构成了中国人的文化心理。

中国的确在近代与西方发生过冲突，但这些冲突是由西方挑起的。中国的民族主义是反应性的，它的强弱也取决于国家在不同历史时期所受到的外来威胁的严重程度。虽然中国的新民族主义受到西式民族主义的影响，但儒家文明的平和精神依然深刻影响着执政者的国际观。在对外安全战略上，以核武器战略为例，中国政府一直主张三项原则：永远不首先使用核武器，不对无核国家使用，或威胁使用核武器原则。盛洪指出，这其中不能不说充满了中华文化的内涵：

> 第一个原则实际上是“一报还一报”的原则；第二个原则则包含了更高的含义，即不用核武器的优势对无核国家实行核讹诈。也就是说，不对武器水平比自己低的国家或民族使用“武器先进者胜”的规则；第三个原则表达了用和平的方式来解决各文明实体之间纠纷的理想（盛洪，1995）。

这些原则也说明，只要中国秉持儒家理念，就不会成为对他国、对国际社会构成威胁的扩张者。

四、民族主义的转型？

现代民族主义在中国的兴起意味着西方的国际

观战胜了中国传统的世界观。在中华文明的发源地，西方文明争抢到重要席位。但喜好和平与和谐依然是中华民族的民族性，只要国际环境由敌对转为友好，西式民族主义在中国就会渐渐退潮。反之，若反华言论甚嚣尘上，中国人的民族主义情绪也必然会再度高涨。在新的历史时期，中国该如何应对并不友善的国际环境？是该以西方民族主义之道还治西方，还是保持反应式的民族主义，再或是问师于儒家传统？

中国现代民族主义的生成也是中国从文化实体转变为政治实体的重要标志。约瑟夫·利文森（Joseph Levenson）指出，现代民族主义于十九世纪、二十世纪之交来到中国，作为新的国家认同，它完全不同于前现代中国的文化民族主义。儒家以天下为其文明教化的场域。这种文明无国界的理念以文化为文明的认同基础，强调儒家美德的普适性，并认为贤能政府的道德教化可以培养民众的善行。现代民族主义对认同的理解与儒家思想迥然有别，它将民族国家作为认同单位。中国的文化主义是文化优越感的产物，19 世纪末的西潮冲破了它的自足自给，迫使它转化成民族主义。

无独有偶，约瑟夫·惠特尼（Joseph Whitney），塞利格·哈里森（Selig Harrison），伊什沃·欧嘉（Ishwer Ojha）等学者也注意到，随着西方的民族主义将儒家的国家和天下观从世纪之交的中国意识形态战场横扫出局，中国完成了从文化体向政治体的转化。对于文化，民族主义仅仅将它看作一种可为国家利益服务的手段；文化主义却认为真正应该效忠的是文化，而文化又是无国界的。

王赓武则为现代民族主义和儒家文明之间的关系提供了另一种视角，他认为两者并不矛盾：

对中国人来说，这两者过去是，将来还可以是互补的……对儒家思想的深刻理解有助于中国民族主义的发展，但儒家价值体系却具有不依赖民族主义和民族主义政权的自主性。它曾遭到误解甚至官方的猛烈抨击，但顽强的生命力使它历久弥新。此外，成为孔子的门徒也并不只是中国人才能独享的特权，任何人都可以通过学习儒学典籍掌握其要义。由此看来，儒学有助于民族国家的形成，而它的存续却又不依托民族主义（Wang Gungwu，1996）。

诚然，引进西式民族主义是顺应历史潮流的，中国也因此而崛起为今天的世界大国。但大国应有新的担当，中国将推进世界和平视为己任，这项使命的达成须要向儒家传统寻求灵感。因此，中国新民族主义的目标应是复兴儒学。西式民族主义该在中国的土地上偃旗息鼓了。

如果中国想为世界的和平与发展做出新的贡献，就应重拾天下主义。李慎之指出，中国的传统世界观是“天下主义”而非“民族主义”。民族主义效忠于民族和国家，天下主义则以文化为本。因此，民族主义往往意味着狭隘的民族感情，发展到极端就会成为沙文主义，如此，则绝非中国之福。在全球化已经成为大趋势的现实情况下，中国应该理解并参与到全球化的进程中去。

19 世纪末，民族主义随着西方的坚船利炮来到中国，并很快将天下主义赶下主流话语舞台。在此之前，中国没有现代政府、清晰的国界、现代军队，也没有国歌、国旗、国徽，它还不是一个民族国家。天下主义无法为民众提供清晰的国家认同，也很难将他们动员起来共同抵御外虏。在这一历史情境下，是民族主义拯救了国将不国的中国。但也正是西方帝国主义的入侵打破了天下主义的自足性，迫使中国接受民族主义。

中国人在近代以来抛弃了天下主义。随着中国天下主义文化的消失，整个世界实际上回到了民族主义的均衡状态，与其相伴相生的战国原则，即“军事力量强者胜”的规则也从西方走向了全世界。中国人的民族主义的觉醒和中国的迅速崛起引起了西方国家的不安，由此出现了遏制中国论。如果民族主义继续在中国鸠占鹊巢，天下主义迟迟不得复位，那么西方文明最终将被另一个自己——装在中国民族主义套子里的西式民族主义——所打败。

然而，中国的民族主义仍是包含了天下主义的民族主义。显然，西方的反华理论使世界和平前景不容乐观。面对西方的挑衅，中国人必定会诉诸西式民族主义来维护国家利益，而这又将进一步激起西方的恐慌。如此恶性循环，结果只能是人类文明的毁灭。能够使人类避免这一灾难的只能是天下主义文化。那么，如何从这个民族主义的世界中产生天下主义呢？在盛洪看来，有两条道路：一条是欧洲的道路，一条是中国的道路。现在欧洲正试图通过和平的方式来实现欧洲的统一。但欧洲国家的文明极为相似，其实同属一种文明，因此这种统一没有提供不同文明之间和平融合的榜样。中国的道路看起来更为可行。她的文化传统可能成为再一次从民族主义走向天下主义，或者说复兴天下主义的精神源泉。中国的民族主义是到 19 世纪末在列强环伺欺压下才产生的。但世界和平需要中国放下民族主义的复仇包袱，将它转化成新天下主义。新天下主义不再是有着华夏和蛮夷之分的文化自大主义，而是一个承认和尊重不同文化有着平等地位的天下主义。

结论

中国的知识分子诉诸文明的冲突来建构新民族主义有多种原因。他们要实现两大理论目标：建立民族和国家认同、填补民众的信仰真空。这两项是中国能否真正崛起为大国、强国的关键。那么，该如何再造“主义”？前面曾提及，在中国，知识分子能真正施展拳脚、进行理论建树的空间并不大，而呈现在新民族主义者们眼前的理论元素又往往是支离破碎，甚至相互矛盾的。如何用有限的条件实现并不轻松的理论目标？他们将关注点锁定在中西文明的冲突上。

现代化没有解决国家认同问题。政权的经济成就无法在根本上扭转其政治合法性江河日下的事实。同时，经济发展使个人主义和拜金主义日盛，世道人心分崩离析。若继续放任情况恶化，国家危机就将为时不远。为了整合国家、整合人心，理论界或倡议复兴儒家传统，或在中西文明的冲突中寻找突破口。有学者指出，中国当代民族主义有三个现实基础：一是作为社会生活不可动摇之基石的国体；二是雄厚的综合国力，它使国家有能力处理内政外交和面对危机；三是儒家道德认同，它所生发出的天下为公的思想，能使个体克服狭隘的利己心态。

不少知识分子意识到，中国的传统文化无法真正将散沙状的个体凝聚成牢固的民族实体。这一致命的缺陷使中华文明在西方文明的挑战下败下阵来，也促发了中国人现代民族主义意识的觉醒。强调文明之间的冲突正在于凸显与他者的相异之处，从而强化共同体内的认同。外来威胁能凝聚民心，也为当权者最大程度地利用本国资源实现其政治抱负提供机遇。石中指出，文化比较研究是一种强有力的意识形态动员手段。80 年代中国重新掀起了学习西方、与西方发展经贸关系，甚至用西方文化改造中国文化的热潮。这是中华文明目前所面临的挑战的真正来源。为了重拾对华夏文明的自信心，新民族主义的建立迫在眉睫。

这样看来，新民族主义是对中国现代化进程中所遇到的种种问题的反应。一些西方学者将中国的新民族主义视作反西方主义或排外主义（Barme,

1996）。另一些甚至预言它将使中国在国际社会张牙舞爪（Segal，1995b）。这些定论都过于草率，反西化运动的实际影响和结果是多重的。中国的新民族主义者并不是要召回旧式的、以排外为特征的现代民族主义，他们要建立的是一种新的现代民族主义，一种更为现代化的现代民族主义。

不可否认，正是发源于西方的民族主义而非中国的儒家传统使中国成长为强大的现代民族国家。但为了推行中国传统的文化主义和天下主义，新民族主义者又必须为中华文明优越论正名，这正是反西化运动的初衷。无奈的是，反西化与国家更富更强的目标相悖。但要实现世界和平与和谐的理想，又不得不诉诸儒家思想，尽管它会使中国在弱肉强食的民族主义世界处于劣势。这层层相扣的矛盾提出了如何调和与整合儒学与民族主义这一有待解决的难题。

第五章

爱国主义、新民族主义的官方话语

在解读中国的新民族主义时，学者们通常难以将它的两种形态——官方的和民间的——区分开来。中国政府现在可以放手让民族主义为其效力：对内，民族主义被用来加强当政者的执政合法性；对外，民族主义有助于争取中国的国家利益。这一观点不仅在西方学者中颇为流行，在有着西方教育背景的中国学者中也相当有市场。

此类观点隐而不晦地强调：中国的民间民族主义并不是单纯的民间民族主义，它在很大程度上由政府所驱动，来为政权的合法性服务；民族主义情绪也必然会影响中国对外政策的制定。爱德华·弗里德曼（Edward Friedman）就曾明确地将民族主义在20世纪80年代以后的兴起归因于当政者的大国沙文主义情怀。

然而，这一看法没有考虑到两个重要的层面。第一，它忽视了或至少低估了民间民族主义与官方民族主义间的矛盾。官方民族主义以爱国主义为重心，这与民间民族主义有很大不同。政府固然可以利用民间的民族主义情绪来巩固政权，但一旦失控，民族主义情绪就会如洪水猛兽般吞噬国家和社会的稳定。

第二，民族主义对中国外交政策的影响也远比上述论点复杂。中国政府试图利用民族主义为国家外交服务，但又面对诸多制约。一国的对外政策或多或少反映了本国民意，但即使是在民意对当局的外交决策有着举足轻重影响力的民主国家，从民意到实际的对外政策也并不是想象中的直径。在实行威权统治的中国，政府的外交决策与民间民族主义情绪的联系更是相当微弱。当然，这并不意味着政府可以完全无视民意或滥用民众的民族主义情绪来服务其外交政策。

一、作为官方民族主义的爱国主义

民族是事实上或想象中的共同体，这一共同体被共同的历史、文化和祖先所维系。民族主义意在寻求国家这样一种民族的政治表达。国家对于民族的重要性来源于这样的事实："民族需要更加强有力的组织形式来捍卫自己，或帮助其拓展宏图伟业"在现代社会，民族国家是最为有效的民族组织形式。若一个民族的政治表达受挫，民族主义便会随之而起（Breuilly，1982；Kellas，1991；Guilbernau，1996）。

传统中国并未萌生出现代民族主义。相应地，中国也不同于西方的民族国家。传统中国运行的是帝国政治体系。不同于现代西方的民族国家，帝国有领土而无疆界。中国自恃为处于世界中心的天朝上国，国家的大小取决于历代统治者权力的强弱。换句话说，中央权力的消长，在很大程度上决定着国家命运的盛衰。再者，现代民族主义将民族国家视为共同体的终极形式，而儒家文化主义则以道德目标和普适性的文明价值观为认同旨归。这使得中国即使在转变成现代民族国家之后，也与西方的民族国家相异，白鲁恂（Lucian Pye）称中国是“一个乔装成民族国家的文明”。

在“民族国家”和“民族主义”这些西方概念被传入中国后，中国的有识之士逐步认识到，唯有以现代的民族主义观将中国转变成现代的民族国家，方可使它在达尔文主义的竞争世界存活下来。1895 年的甲午战败是天朝上国所建构的世界秩序土崩瓦解的开端，也正是自此，民族、主权、种族和公民等西方概念开始进入中国人的认知，并悄悄转变着他们的认同基础。随着日渐猖獗的帝国主义势力进一步蚕食中国，将中华民族置于灭亡的边缘，除了保全国家，中国的民族主义已无暇他顾，传统的文化主义因此很快被国家主义替代了。在西方，民族主义体现了人们的民族意识，以及他们寄寓于民族的情感。在中国，民族主义则意味着强烈的国家认同。迈克尔·亨特（Michael Hunt）就曾强调此民族主义非彼民族主义：“或许有比民族主义更恰当的词来描述中国的情况。”遍寻《辞海》后，中国的知识分子最终找到了爱国主义，他们认为爱国主义最能表达对国家的忠诚和为其效劳的意愿，是西方的民族主义概念在中国语境中的最恰当的对应词。对此，亨特也深表认同，爱国主义确实更恰如其分地描述和解释了中国人寻找国家认同的特点。从民族主义到爱国主义，这并不是简单的语言翻译上的转换，而是一种政治重构。

作为一种政治建构的产物，爱国主义顺应着国家在不同历史时期的不同需求而被一再重构。毛泽东强调："爱国主义的具体内容，看在什么样的历史条件之下来决定。"但无论历史条件如何变化，强烈的国家认同这一爱国主义的主题不会改变，建构这一主题的逻辑也不会改变。

学者们讨论了毛泽东如何将马克思主义本土化，并运用阶级和社会主义等马克思主义的概念来锻造如何强国的理论基础。在西方人看来，爱国主义和马克思主义是相互对立的，但毛泽东并不认为马克思主义作为国际主义和马克思主义作为中国民族主义的一种形式之间有任何对立性。"国际主义者的共产党员，是否可以同时又是一个爱国主义者呢？"毛泽东的回答是："不但是可以的，而且是应该的。"这如何得以可能呢？毛泽东的解释是：

> 共产党员是国际主义的马克思主义者，但是马克思主义必须和我国的具体特点相结合，并通过一定的民族形式才能实现。……对于中国共产党说来，就是要学会把马克思列宁主义的理论应用于中国的具体环境。……把国际主义的内容和民族形式分离起来，是一点都不懂国际主义的人们的做法。

20世纪80年代以后的中国领导人，正是依照毛泽东的逻辑建构了爱国主义。随着中国的对外开放程度日益加深，务实的领导人也乐于引鉴西方发达国家的治理经验。但在意识形态上，他们并不持同样的包容态度。他们创造了"社会主义市场经济""具有中国特色的社会主义"和"具有中国特色的民主"等各种新的术语来强调中国发展道路的独特性，以区别于西方的概念。这种做法的逻辑与上述毛泽东的逻辑一致。显然，建构这些新术语的用意是寻找通向国家富强的中国式道路，也反映了建构者的民族主义或爱国主义情怀。

这就是中国领导人坚持使用“爱国主义”这一概念背后的政治逻辑。一方面，当政者乐于用民族主义来填补信仰后所留下的意识形态的真空，为其执政的合法性服务，因此对民间的民族主义呼声持默许态度。但另一方面，民间民族主义并不必然有助于稳固当权者的执政地位。相反，它甚至可能冲击执政党苦心经营而得的现有执政基础。故此，当政者要建构以爱国主义为主题的官方民族主义的新视野，而不是盲从民间民族主义。

各社会和政治群体的民族主义表达呈现出多样性。比之于此，多年来爱国主义的主题则相对一致。经济发展、政治稳定和国家统一三点是中国政府所建构的爱国主义的最主要内容。

经济建设是实现国家富强的基础。毛泽东试图通过一系列政治手段使中国成为强大的民族国家，邓小平则看到了发展经济对巩固毛泽东所建立的政权的重要性。毛泽东的“政治先行”一度使得中国经济处于低度发展状态，人民对国家前途产生质疑。眼见着几代中共领导人为之奋斗的共产主义事业岌岌可危，以邓小平为代表的改革派认为，推行经济现代化已是势在必行，他们希望以此来重建富国强国的基石，赢得人民对党和国家的信心。

20世纪80年代初，邓小平提出党要做的三件大事是：反对霸权主义、实现国家统一、加紧现代化建设。他强调，三件事的核心是现代化建设，因为：

这是我们解决国际问题、国内问题的最主要的条件。……我们在国际事务中起的作用的大小，要看我们自己经济建设成就的大小。如果我们国家发展了，更加兴旺发达了，我们在国际事务中的作用就会大。……所以，在国际事务中反对霸权主义，台湾回归祖国、实现祖国统一，归根到底，都要求我们的经济建设搞好。

邓小平的这一经济现代化和强大的民族国家之间的逻辑，在中国朝野都拥之者众。20世纪80年代末，保罗·肯尼迪（Paul Kennedy）的《大国的兴衰》被翻译成中文，他所提出的经济实力决定一国的国际地位的观点，得到了广泛认同。与此同时，针对中国经济改革所遇到的困难，知识界展开了关于中国的“球籍”的讨论。其中的主要观点是：无论付出何种代价，经济改革必须继续深化，否则中国将无法立足于世界民族之林。

如何使社会主义和经济现代化相洽，是中国领导人所思考的更重要的问题。他们用“社会主义市场经济”这样一个概念来为中国的经济发展模式定性。对外界观察家来说，社会主义和市场经济是两个对立面。中国在 20 世纪 80 年代以后转向市场经济，正是因为社会主义的那套行不通。但在中国的爱国主义者眼里，“社会主义市场经济”蕴含着国家领导人对走独特的中国道路的热情和信心。东欧的经济转型引致了社会动乱和经济停滞，中国则实现了计划经济向市场经济的顺利过渡，社会主义市场经济使中国稳步迈上了富强之路。这一市场经济的中国模式证明了社会主义的优越性，也显示了其普适性潜力。

王赓武对“社会主义市场经济”的理解颇有见地。他指出，中国领导人使用这一术语，并不是不懂现代经济学而误用概念。这一概念被创造出来基于诸多考虑，最重要的就是服务于国家的民族主义目标。要使中国重获世界大国的地位，在全球事务中起到其应有的作用，首先就要想方设法通过多种经济手段来改善人民的生计。在领导层看来，社会主义在过去几十年一直指引着中国的发展，而今只有继续坚持社会主义，才能加强人民对国家的认同以及政权的合法性。

政治稳定是中国领导人所建构的爱国主义的第二大要素。经济现代化为中国在世界民族之林中重获应有的位置提供经济基础，而经济发展的条件，关键是要政局稳定。邓小平一再强调，实现现代化需要两个条件：一个是国际上的和平环境，另一个是国内安定团结的政治局面。从这个意义上讲，爱国主义意味着不要给政局稳定添乱，使国家能有领导有秩序地进行社会主义建设。他指出，中国人民有自己的民族自尊心和自豪感，以热爱祖国、贡献全部力量建设社会主义祖国为最大光荣，以损害社会主义祖国利益、尊严和荣誉为最大耻辱。爱国主义在此被视为是爱社会主义中国。邓小平强调，中华人民共和国成立后，中国的形象改变了。中国今天的形象，不是之前任何一个政权创造出来的。

政治稳定包含两个层面的意思。首先，中国历经了长达一个世纪的动乱和革命，现有的稳定政局来之不易。爱国主义要求人们认同现有的国家并尊重它。为了使国家变得更加强大，政治改革必不可免，但政治改革并不意味着引进西式民主。许多民间民族主义人士坚持民主化是中国的出路，当权者则试图证明民主制并不是实现经济高速增长、维持社会稳定和人民安居乐业的必要条件。江泽民也一直强调，“在当代中国，爱国主义与社会主义本质上是统一的”，“爱国主义与人民民主即社会主义民主，本质上也是统一的”。

政治稳定的第二个层面是压制“狭隘的民族主义”。民族主义通常生发于居住在同一片土地，有着共同的历史和文化的人群中。它假定每个民族都有权力来建立自己的国家。若依循这一假定，民族主义对中央政权构成了潜在威胁。中国是一个多民族的国家，如果各个民族都要求建立自己的国家，那么苏联的悲剧就将在中国重演。民族主义建立在共有文化和民族性的基础上，爱国主义则不需要这些，它囊括所有合法公民，不问他们的国家认同和文化出处。因此，爱国主义意在降低民族性和文化对于认同的重要性，培养国民对现有政权的忠诚感。

在这一意义上，爱国主义类似于本尼迪克特·安德森（Benedict Anderson）所称的“官方民族主义”。安德森提到，因为害怕民族分裂主义使国家瓦解，十九世纪欧洲的诸王朝国家纷纷建构出国家民族主义，对整个国家施加一种特定的民族文化，并使之成为社会经济和政治发展的必要条件。

爱国主义的第三大要素是国家统一。在这一点上，爱国主义超越了国家主义的狭隘定义。在建构爱国主义时，中国的领导人陷入了两难境地。一方面，他们必须淡化国内各民族的民族性和每一民族文化的独特性，从而使各民族紧紧围绕在现有政权的周围，防止民族分裂主义对多民族统一国家的威胁。另一方面，达成统一大业又要求政权重文化认同而轻国家认同。基于各种历史原因，长久以来，台湾、香港和澳门与中国大陆实行不同的经济、政治制度。20世纪80年代初，邓小平声明国家统一是始终摆在议事日程上面的一个重大问题。但是，邓小平也意识到跨越制度差异的困难性。因此，他提出“一国两制”的方针来解决国家统一问题。在这一方针下，港澳台地区的爱国主义有别于中国内地，被赋予了特殊含义。在阐释“一国两制”时，邓小平言称：

爱国者的标准是，尊重自己民族，诚心诚意拥护祖国恢复行使对香港的主权，不损害香港的繁荣和稳定。只要具备这些条件，不管他们相信资本主义，还是相信封建主义，甚至相信奴隶主义，都是爱国者。

邓小平在此处强调的爱国者所爱对象不是现有政权，而是民族和国家。继承这一理念，江泽民也提出，爱国主义就是要促进国家统一。他强调：“我们并不要求所有拥护祖国统一的爱国者都赞同大陆实行的社会主义制度，只要他们赞同‘一国两制’，我们就要同他们加强团结。”事实上，这一主旨贯穿于改革时代的始终。

以上讨论显示了官方民族主义或爱国主义如何有别于民间民族主义。民间民族主义和爱国主义的目的都是要建立一个富强的中国。但这并不意味着它们两者是一致且无冲突的。民间民族主义将民主化视为中国的出路，而倡议爱国主义的当权者则认为经济发展和政治稳定才是国家的重中之重。此外，爱国主义要求国土内的所有公民认同现有的政权，但族群民族主义者则要建立基于本民族文化的独立政权。

民间民族主义与官方民族主义在诸多方面相异的事实，要求国家对民间民族主义加以适当的控制。不少学者认为民间民族主义可以为当权者所用，为现有政权提供一种合法性基础。但民族主义也可能成为危险的潘多拉魔盒，一旦失控，就会释放出巨大能量，造成诸如大众政治参与和国家分裂那样的与当政者的国家构建目标相悖的结果。因此，当通过加强民族自豪感和利用民族主义情绪来巩固政权时，当权者慎之再慎。除此之外，民族主义对政权有着更为复杂的影响，它的利弊兼杂要求国家对其加以制约。在接下来的部分，笔者会用中国政府发起的抵制

“反华”理论的运动来说明，为什么当政者不愿借用民间民族主义的力量来处理此类敏感问题。

二、中国人如何感受到威胁

反华理论在西方的兴起，使中国各界担忧以美国为首的西方会像遏制苏联那样来遏制中国。20世纪80年代，中国领导人相信和平与发展是国际政治的两大趋势，“反华”理论的出现打破了这种信心。中国官学两界发现国际环境正在恶化，而国际上的敌意在很大程度上正是由中国高速的现代化所引致。冷战格局的解体对于世界的和平与稳定不见得是利好消息。随着美国霸权的衰落和世界走向多极化，之前的以美苏两大国为权力中心的两极格局的制衡作用消失，世界重新进入无序状态。各国都力图扩张本国的国家利益，民族国家重新陷入彼此对抗的状态中。这正是中国所面临的国际环境。

中国社会科学院的学者刘靖华预言，到了21世纪二三十年代，随着中国崛起成为历史事实，来自美欧两方面的针对中国的“软遏制”局面将最终形成。所谓“软遏制”，是指中国的发展和生存空间遭到来自美欧两方面的以资本、市场、高科技、西方价值观外加军事力量为手段的遏制和围堵。

刘靖华还指出，中国与美欧的冲突在所难免。美国总统克林顿所主张的接触政策不会成为美国与中国交往的长期策略。接触政策有两个目标：一是利用强大的资本和高科技，在中国市场经济尚未秩序化之前占据中国市场，获取巨额利润；二是用西方的民主价值观影响中国。中国社科院美国研究所前所长王缉思认为，克林顿的接触政策立足于本国的战略目标。在许多地区和全球事务中，美国需要中国的合作。此外，美国也可以通过接触政策，从经济、政治、文化各个方面向中国渗透美国的价值观和理念，从而影响中国的内外政策。王缉思还强调，美国希望中国接受西方主导制定的国际规范。

在不少人看来，即使是接触政策框架下的中美间的有限合作也将很快难以为继。随着中国综合国力的迅速增强，边际效益递减规律将随之发生作用，这会使美国和西方其他发达国家在中国市场上获取的利润额大大减小。相反，中国利用西方市场的能力大大增强，这令美国决策者重新考虑对华政策。正是在这一背景下，西方出现了各式各样的“反华”理论。

王缉思预言，中美两国利益的冲突将驱使美国对中国实行遏制政策。两国的利益冲突表现在几个方面：首先，美国是一个民主国家，中国却依然实行“集权”统治。美国人普遍认为民主国家之间无战争，“集权国家”是引发战争的邪恶之源。因此，在意识形态上，美国将依然是反共产主义的桥头堡，遏制社会主义中国的崛起。第二，中国的崛起将与西方主导的现有国际秩序发生冲突，这是不可避免的。第三，中国将大量的廉价商品倾销到美国，却对美国产品进入中国市场严加管控。第四，随着冷战的结束，宗教和文明取代意识形态，成为国际冲突新的根源。儒家文明在中国崛起的背景下成为挑战西方基督教文明的潜在对手。第五，中国日益增长的军事实力令周边国家惶恐不安，在不少亚洲国家看来，美国是确保区域安全的重要力量。

除了不同的国家利益，中美冲突还源于中西的文化和种族差异。南京大学的时殷弘教授是中国著名的国际问题研究专家，他指出：

美国对中国的敌意不仅源自于意识形态、地缘政治和经济等因素，还植根于种族和文化上的差异。西方国家从未真正对非西方国家一视同仁……他们往往根据对方的种族和文化属性以及国家实力来论敌友，这种心理的形成与西方长达几个世纪的优越地位有关。

美国曾以旷日持久的冷战遏制苏联，现在又将北大西洋公约组织东扩来制约俄罗斯。除此，种族和文化上的差异也在一定程度上解释了本世纪初西方和日本之间的冲突。不难理解，中国经济的高速发展加深了美国对中国的敌意。美国媒体对中国日新月异的发展视而不见，反而热衷于报道甚至故意夸大、曲解和捏造中国所遇到的问题。他们对中国内外政策的阐释荒谬古怪。正如塞缪尔·亨廷顿在《文明的冲突》中所言，“西方和非西方”已经成为许多西方国家的主导思维模式，这一划界让西方国家站在一起对抗彼岸的非西方世界。

尽管中美之间的冷战势在必发，克林顿政府还是提出了接触战略。很难说接触与遏制是否换汤不换药，但显然，接触的一大目标就是防范、制约和遏制中国。

以美国为首的西方是如何遏制中国的呢？根据中国政府的分析，美国的遏制政策包含如下几个方面：

第一，美国在亚洲的军事基地亦是其围堵中国的亚洲大本营。亚洲国家的一系列反美运动和反美情绪，并不能挫败美国继续在亚洲施加影响力的决心，驻扎在亚洲的10万美军正是为了抗衡中国的区域影响力。以此为代表的美方行为清楚地表明，阻止中国称霸是美国的根本战略利益所在。美国对与中国相关的军售、军事现代化等一系列事务表现出浓厚兴趣，于美国而言，接触就意味着尽一切可能手段牵制中国，以推进美国国家利益的实现。

第二，美国力图加强美日联盟。一直以来，日本都是中国强劲的区域竞争对手和潜在的安全威胁。随着经济实力的上升，日本开始寻求区域政治影响力。它努力发展高端战力投射能力，其所拥有的尖端技术让日本有能力在短期内发展核武器、导弹和军用飞机。在许多中国分析家看来，美国对日本军事实力增长的贡献不容小觑。1995 年，日本和美国签署了《日美安保联合宣言》，两国的安保合作将进一步推动日本的军事扩张，而这无疑是要制约中国的崛起。日美安保体制"似有日美携手，主宰亚太的味道"。

第三，除了日本，美国与中国的其他邻邦也建立了各种军事联盟与合作。例如，1996 年，美国与澳大利亚建立了密切的军事关系。但是，澳大利亚政府却宣称澳美同盟并不意在围堵中国（*The Economist*）。虽然澳大利亚显示了对中国的友好，却有不少亚洲国家与中国存在着实际的或潜在的冲突，美国致力于正常化或加强与这些国家的关系。在这些国家中，美国将越南视为围堵中国的重要力量，在过去几年中积极增进与越南的关系。蒙古也是美国用来围堵中国的重要目标国。1994 年，美国将蒙古纳入它的亚太安保体系中。1995 年，美国又重申要加强与蒙古的军事合作。

第四，美国也试图介入南海事务。为了加强其在东南亚的影响，在中国与马来西亚和菲律宾的就南沙群岛的领土争端中，美国站在马来西亚和菲律宾一方。美国一方面声称在岛屿主权究竟归何国所有的问题上，其立场是中立的，另一方面却又表明了愿意站在东盟国家一方的态度。

第五，更重要的是，为了保有台湾这艘“永不沉没的航空母舰”，美国反对台海两岸的统一。美国坚决反对中国用武力来解决台湾问题。显然，台湾“独立”符合美国的利益。美国一直以来并将继续为台湾提供先进武器，并试图将美台关系推进到官方层面。1992 年夏，布什政府通过了对台发售 150 F-16 战斗机的提案。数月后，美国贸易代表卡拉·安德森·希尔斯（Carla Anderson Hills）被派往台北。这是自 1978 年台美终止外交关系后，美国现任内阁成员首次访问台湾。1995 年春末，克林顿政府为台湾领导人李登辉发放赴美签证。此外，美国国会还通过了《与台湾关系法》来“取代”1982 年秋发布的关于对台军售的公报。这些做法违背了美国之前对中国的承诺。美台关系的升级显示了美国默认甚至推进台湾“独立”的态度。

第六，除了打“台湾牌”，美国也大打“西藏牌”。尽管美国政府并未正面挑战中国对西藏的主权，却想方设法利用西藏问题来阻挠中国的崛起。美政府多次公开表示支持流亡境外的达赖集团，高层领导人也表达了乐于会见达赖喇嘛的意愿。此外，美国国会还发布了所谓的“西藏是被占领的主权国家”的声明，时不时地批评中国对西藏的“强占”，并提出美国总统应向西藏派送特使。

第七，美国还利用人权问题来煽动中国分裂。尽管中国已努力改善其人权现状，美国还是一再谴责中国政府侵害人权。美国国会也就中国的人权问题通过了几项法案：在设计面向中国的广播节目时，自由亚洲电台应参照中国在海外的异见分子所提供的“专家意见”；为与境外异见运动有所关联的私人组织提供资助，帮助和鼓励他们向中国传播“自由之声”；美国国会还要求总统提供他在决定延长中国的最惠国待遇时所提出的推进中国人权的举措已在多大程度上生效的特别报告。

总之，美国政府声言要与中国“全面接触”。“接触政策”的实质是：美国政府希望它的政治、经济、文化、思想影响向中国社会的纵深渗透能将中国“拉入”它所倡导的那套国际规范中，以便用它所制定的竞争规则来约束中国。可以说，美国增加同中国接触的目的是制约中国的国内外行为，迫使其按美国的利益行事。在中国国内，美国以接触来推行“人权战略”。它打着人权的旗号，支持中国境内和境外的异见分子来反对中国政府。在国际上，美借口“国际准则”，在经贸、军事、知识产权、环境保护、军售等诸多领域阻挠中国崛起。

尽管“反华”理论停留在话语层面，但是中国各界都相信，美国已在实际上展开了围堵中国的行动。在政府层面，中国领导人并不主张对美政策过于温和。尤其是在1996年的台海危机期间，美国以介入和干涉两岸事务相要挟，以遏制中国动武的做法，引起中国官方的强烈不满。

在社会层面，中国的新民族主义者呼吁用民族主义来迎战西方的对华政策。民间民族主义情绪的高涨在各项问卷调查中都得到了反映和印证。根据《中国青年》所发布的另一项在1995年9月开展的全国调查的结果，在接受调查的样本中，有57%的中国人表示他们最不喜欢美国，而支持美国是对中国最不友好的国家这一选项的则高达87%。这也从一个侧面说明了，《中国可以说不》和《妖魔化中国的背后》一类的民族主义书籍能够得到中国政府的允准而出版是大势所趋。

然而，中国政府对民族主义情绪保持警惕。他们意识到西方的“反华”理论加剧了中国民众的民族主义情绪，也很清楚这一情绪一旦失控，将对中国国内的稳定造成危害。更糟糕的是，中国的民族主义情绪还有可能反过来被西方所利用，成为阻碍中国发展的绊脚石。因此，必须由官方出面来发起抵制“反华”理论的运动，清除这一影响国家发展战略顺畅实施的不良因素。抵制西方的反华理论和控制国内的民族主义情绪如何双管齐下？对于中国新的领导集体来说，这是一项艰巨的任务，它要实现三个目标：首先，中国政府必须让国际社会信服，高速发展的中国将成为世界和平与稳定的促进力量而不是威胁。“反华”理论居心叵测，意在遏制中国的现代化。其次，中国国内的民族主义情绪必须降温。一旦失控，它将危害中国的开放政策和国家发展。第三，民族主义应被用来巩固新的领导集体的政治合法性。在过去一段时间，经济增长于执政者而言一直是把双刃剑，它一方面成为当政者执政合法性的最主要来源，另一方面却也带来了不少问题。执政者发现，若谨慎处理民族主义，它可以被转化成为加强执政合法性的有力武器，这正是中国政府对民族主义欲拒还迎的原因。

民族主义可以促使中国民众意识到国家正遭受外部威胁，从而获得他们对政府的带有“民族主义”色彩的外交政策的支持。但民族主义也可能激发国民的民主参与意识。中国的领导人很清楚，和平的国际环境对中国经济的持续发展至关重要，因此民族主义的对外政策不一定有益于中国的国家利益。踏踏实实地致力于国内发展才是成为真正的世界大国的正道。对外开放和向先进的资本主义国家学习，依然是中国赶超这些国家的最重要途径。在政策制定时过于强调民族主义只会损害中国自己。因此，促进友好的国际环境是中国在改革时代最重要国家战略之一。

三、军民联合和官方运动

到了 20 世纪 80 年代以后，削弱军管并恢复政府对军队的控制是邓小平的主要改革目标之一。单从制度的角度来看，邓小平的军队改革成效卓著。在他逝世之时，一大批高级将领退休，军区数量减少，地方军队系统走马换将，中共中央政治局的军方代表也被裁减。

然而，军队对中国现代化的影响力却更为显著了。新一代的年轻军官受过良好的教育，军队对外部世界的变化和发展也越来越敏锐，他们了解国家的经济现代化，也强烈地要求实现军队现代化。在海湾战争中，军方和国家领导人见识到高科技战争的复杂性，深为叹服，同时也自惭于人民解放军与先进国家军队的差距。因此，当政府由于惧怕社会和政治的稳定性将遭到破坏，而对现代化日趋保守时，军方却一直对中国的现代化持大力支持的态度，并提出人民解放军应为改革保驾护航。

自 1989 年出任中共中央总书记和中央军事委员会主席以来，江泽民积极增进与军方的关系以加强他对军务的影响力。一方面，他一再强调加强党控制军队的重要性。另一方面，为了赢得军方的政治支持，江泽民把军事现代化提上重要议事日程，这从中国日益增长的军费预算中可见一斑。

为了优先发展经济，国家领导人须赢得军方的支持，但同时也要限制军人干政。在中美关系恶化以及 1996 年台海危机等的背景下，中国军方的民族主义情绪高涨，他们指责政府的对外政策过于温和。在江泽民的折中政策下，官方的抵制西方“反华”言论的运动一直处于不愠不火的状态。江泽民和他的同僚们表达了他们的民族主义情绪，也提请军方警惕来自美国的潜在威胁，但江泽民也承认以美国为首的西方对中国未来发展的重要性。军队最终在抵制“反华”理论的运动中挑起大梁，并不是因为他们的民族主义情绪比其他群体更为强烈，而是出于如下两方面的原因。

最重要的原因是为了维护社会和政治稳定。民族主义无疑是一把双刃剑。社会和政治的稳定会因民族主义的失控而受到威胁。20 世纪 50 年代初，毛泽东发起了几轮民族主义运动以应对西方的围堵政策。到了江泽民执政时期，新的中央领导集体已认识到，发动民间民族主义来应战西方“反华”理论的策略并不可行。相反，民间的民族主义情绪必须得到有效控制，更不能任由其对中国对外决策进行施压。然而，要稳住中国民众的民族主义情绪、维护国内的稳定局面，政府又必须以一种民族主义的姿态反击西方

“反华”论调。为了兼顾这两点考虑，政府决定由军方牵头来发起民族主义运动，但将其停留在言语层面而不再发展成实际的政治运动。江泽民和他的特别是军人出身的同僚们在多个场合表达了对西方“反华”理论的不满，但与民间汹涌的民族主义情绪不同，务实的领导人在声讨西方时张弛有度。

第二个也是最为实际的原因，西方之所以炮制“反华”理论，在很大程度上正是源于他们对中国的军事现代化将对世界稳定和区域安全构成威胁的担忧。

四、中国官方对反华理论的话语反攻

不少中国领导人相信，尽管美国政府提出了接触政策，但是围堵才是其真正的对华战略，接触只是围堵的一部分。接触政策意在打开和渗透中国市场，以影响中国的长远发展，围堵政策则是要用尽一切可能手段，遏制住中国将对美国构成的威胁。江泽民主席在讲话中谈到，西方的反华和反共产主义势力不会轻易放弃“西化”和“分化”中国的企图。他们将中国视为潜在的敌人，不希望看到中国成长为他们强劲的竞争对手，因此利用台湾问题、西藏问题和人权问题等牵制中国的发展（江泽民，1995）。

那么该如何应对这些反华势力呢？江泽民诉诸爱国主义。中国政府一再强调要用爱国主义来抵制西方的“和平演变”。早前，江泽民曾提出，爱国主义主要表现为献身于建设和保卫社会主义现代化的事业，献身于促进祖国统一的事业。在他看来，爱国主义可以成为对抗“和平演变”的有力武器（江泽民，1991）。中宣部曾发起一场反对西方和平演变的运动，揭露以美国为首的资产阶级敌对势力妄图颠覆社会主义中国的邪恶嘴脸。1991 年 10 月，时任国家主席杨尚昆在纪念辛亥革命 80 周年的大会上发言时强调，爱国主义不仅在社会主义建设中发挥着重要作用，也能有效地抵制外来压力。1994 年 9 月，中宣部发布了一份名为《爱国主义教育实施纲要》的重要文件。

同时，党中央还出版了一本主要领导人关于爱国主义的演讲集（《人民日报》，1994a；刘云山，1994）。

面对西方的“反华”压力，江泽民一再号召党和国家的领导干部及人民群众以“政治手段”来抵制西方的政治压力。他指出：“西方敌对势力要‘西化’、‘分化’我们，要把他们那套‘民主’、‘自由’强加给我们，李登辉要搞‘台独’，我们不讲政治行吗？”（江泽民，1996：1）江泽民意识到，只有在中国国内进行爱国主义的政治动员，才能抵制住外来的政治压力。此外，爱国主义也可以增强人民对国家处理外务的信心。

但是，中国领导人也很清楚，爱国主义也可能使民族主义情绪过度泛滥，给国家的对外政策和改革政策带来不利影响。因此，江泽民强调，爱国主义并不意味着中国将改变优先国内发展的大政方针。相反，为了反攻西方的围堵战略，中国恰恰要坚持走符合自己国情的强国之路，日子越过越好。“反华”言论的一个主要目的，就是要迫使中国脱离开既有的发展轨道。

遵照这一思路，中国官方对“反华”理论的反攻话语在表达民族主义情感的同时又不失理性，避免领导人的过激言辞激发起群众更大的情绪波澜，以致一发而不可收拾。

中国官方的反攻话语主要有三种。第一种从中华文化寻找依据，证明中国自古就没有黩武的传统。西方有不少人将今日的中国与昔日的德日同等看待，中国官方则强调中华文化在本质上是追求和平的。有人指出俾斯麦之后的德意志帝国由普鲁士军官们统治，对这些军官来说，战争是国家的一项主要功能。但中国没有这样的军官阶层，也没有黩武的传统。中国领导人常常引用孔子的箴言“己所不欲，勿施于人”来说明中华民族自古就是爱好和平的民族，中国不会威胁和侵犯他国。中国国际战略学会会长、人民解放军原副总参谋长徐信谈道：

只要对中国历史有所了解的人就会明白，中华民族是一个爱好和平的民族，中国是一个爱好和平的国家。……早在两千多年前，孔子就提出“和为贵”

的思想。汉代以后孔子的思想学说成为中国的官方哲学，……睦邻友好深深沉淀在中国人的社会心理中（方知，1996）。

尽管帝国时代的中国曾试图在亚洲建立霸权，但这显然不同于以获取政治和经济利益为目的的现代霸权。中国的朝贡体系以传播中华文化为旨归。若按照这一观点，中国在历史上是一个慈善的大国，在国家最为强盛的时候，也无意于侵犯周边的“蛮夷”；反倒是这些“蛮夷”，时时觊觎中原的沃土。在中国人民解放军国防大学校长邢世忠看来，和平主义也是今天中国国际行为的指导思想。

这就形成了两派观点。一派以江忆恩等西方学者为代表。江忆恩认为，与其他国家相比，中国更有可能诉诸武力来解决领土争端。中国人则持另一种观点，他们坚信中华民族爱好和平，类似于 20 世纪 70 年代对越南所采取的行动也是以维护和平为原则。

邢世忠对后一种观点作出了解释：

中国不谋求霸权的政策取向同中华民族的历史传统和历史遭遇有着深刻的联系。……在近代历史上，中国备受帝国主义、殖民主义的侵略和欺凌。这段痛苦的经历，不仅使中国人民倍感独立、平等和自由的可贵，而且憎恨任何形式的侵略扩张。这一历史传统和民族心理，深深地影响着社会主义新中国的国防目标和战略方针（邢世忠，1996）。

第二种官方反攻话语强调，中国经济的发展不会导致其在军事上的扩张。西方的一种主流观点在中国的经济发展和军事扩张之间建立起正向联系。中国人不认同这一观点，在他们看来，中国战略思想的和平主义传统决定了中国不可能率先攻击他国。邓小平一再强调："我们的战略始终是防御，……就是将来现代化了，也还是战略防御。"邢世忠也指出，认为"中国经济发展了，就会大力发展军事力量"，这如果不是一种偏见，至少也是一种冷战思维。且不说中国真正跻身于发达国家之列还是相当长远的事，单看现状，在工业、农业、国防和科技四个现代化中，军事现代化最不被强调。

在邢世忠看来，冷战结束后，国际关系中经济因素的作用明显增强，以经济和科技为核心的综合国力竞赛表现得十分激烈。各个国家在21世纪的地位和前途，很大程度上取决于这场竞赛的结果。在这种巨大的竞争压力下，中国清醒地认识到所面临的机遇和挑战，集中力量进行经济建设，而不会去发展超出防卫需要的军事力量。也正是在这一背景下，国家对军工企业实行了大规模的军转民改造。

中国的国防建设服从国家经济建设大局。中国的近现代史告诉当政者，军事实力仰赖于经济基础。因此，为了优先发展经济，中国的国防费用在世界范围来看是很低的。近年来，中国的国防经费从绝对数字上看确实如西方所言有所增加，但若把物价涨幅算进去，实际的军费水平在逐年下降，甚至难以满足军队的日常开支。此外，中国在军售上也非常慎重。徐信指出，中国在军售问题上一直坚持三个基本原则：购买国以防御为目的、不打破地区平衡、不干涉别国内政。中国坚持这些原则是因为它们符合中国的国家利益。

在西方反华声浪此起彼伏的背景下，中国的新民族主义在20世纪90年代兴起，因此，它是反应性的。事实上，中国的民族主义在历史上一直都是反应性的，应外部威胁而起。军方分析家指出，中国防御性的国防政策和军事战略决定了中国不会参加任何军事集团，不会在外国驻扎军队或建立军事基地，更不会发动战争去侵略别的国家。那种经济发展引发民族主义的推论，是西方帝国主义的逻辑。从1840年中英鸦片战争打响到1945年中日战争结束，中国一直是帝国主义的侵略对象和受害者，无数中国人在反帝斗争中失去了生命。现在，中国人民终于可以集中力量搞经济建设，西方却集结起新的反华势力进行破坏。西方的做法激起了中国民众的民族主义情绪，因此，该对中国新一轮民族主义浪潮负责的正是西方。

第三种反攻话语认为，中国日渐融入世界体系这一事实让“中国威胁论”不攻自破。中国政府充分认识到，融入世界经济符合中国的国家利益。《中国国防报》的一篇评论指出，中国经济发展了，不会对别国构成威胁，而是对人类和平与进步事业的重大贡献。因为中国经济的发展不是孤立的，它与国际经济互补且相互促进。中国不仅从世界和地区经济的发展中受益，也在不同程度上带动了世界及地区经济的发展。随着经济的快速发展，中国迫切要求加入多边经济体，与他国进行经济合作。中国的发展只会促进各国共同繁荣，而不会对他国构成威胁。

那么，以美国为首的西方为何要“炮制”反华理论呢？据中国政府和军方看来，通过捏造“中国威胁论”，西方意在达到如下三个目的：第一，散布“中国威胁论”是为遏制社会主义中国的发展造势。冷战结束后，两局格局解体，尽管苏联社会主义阵营瓦解，但社会主义的中国依然存在，成为西方一些人和其政治势力的心腹之患。他们散布“中国威胁论”，从本质上讲就是为遏制中国制造舆论。徐信指出，如果按照“中国威胁论”制造者的逻辑，谁富起来谁就会威胁别国的安全，那么，他们所在的国家早已是世界安全的巨大威胁。似乎中国只有永远戴着贫穷落后的帽子，天下才能永久太平。显然，

“威胁论”只是他们的一种借口，其实质是要剥夺中国的发展权。邢世忠也认为，归根结底，“中国威胁论”炮制者的真实意图，就是不愿看到一个自立自强、繁荣昌盛的中国。他们既有意识形态上的偏见，又有担心自己在新的世界格局中失去霸权的恐惧。

第二，通过制造紧张气氛来为美国在亚太地区谋求霸权寻找依据。冷战时期，美国以苏联为对手，攀上了世界政治的巅峰，仅在亚太地区就驻扎了十多万军队。冷战后，他们又制造“中国威胁论”，其目的也只是为他们在这一地区维持军事存在、销售军火、干涉别国内政、推行霸权主义和强权政治制造理由。

第三，美国利用“中国威胁论”来挑拨中国与周边国家和其他亚太国家的关系，从而达到牵制中国、坐收渔翁之利的目的。“中国威胁论”作为冷战思维的延续，正在毒化国际气氛。

邢世忠谈到，所谓“崛起大国即等于威胁”的推论，是帝国主义争夺势力范围的逻辑。西方把这种推论强加到中国头上，但事实上真正的不稳定因素恰好来自西方的一些大国。美国在世界各地继续保持军事基地和军事集团，把远离本国领土之外的地方划进自己的“安全圈”。同时，美国还把自己的价值观强加给别国，肆意干涉别国内政。这样的行为方式才是破坏世界和地区稳定的危险因素。

结论

即使是在西方，“中国威胁论”和“围堵中国”等理论也极受争议，更勿论在亚洲。[①] 马来西亚首相马哈蒂尔·穆罕默德（Mahathir Mohamed）就一再强调中国不会对区域稳定构成威胁（马哈蒂尔·穆罕默德，1996）。确实，不少东南亚国家元首认为孤立和围堵中国是不明智的，也是危险的，应积极将中国纳入多国组织。

然而，许多中国人相信“围堵中国”是西方有意

① 饶义（Denny Roy，1996）对《中国威胁论》的支持观点和反对观点作了简要述评。

针对中国的战略，民族主义情绪因此而被引燃。显然，这一波民族主义浪潮是对西方反华政策的反应。一位中国分析家在评论中国民间对美国的民族主义情绪时指出：“在很大程度上，是美国自己种下了恶果。”在中国官方层面，尽管民族主义情绪也颇为盛行，政府在处理民族主义尤其是反西方情绪时却非常慎重。有学者预言告诫：“民族主义可能对外对付不了西方，对内却引发少数民族的分离，成为一把伤己不伤人的双刃剑。”

中国官方意识到民族主义和仇外情绪过度泛滥将于开放政策不利，而 20 年来中国一直从开放政策中受益。尽管改革开放后，中国政府要以民族主义来填补民众的信仰真空，但是民间民族主义，尤其是当其发展成为社会运动时，会威胁到国家的政局稳定。因此，民族主义不能逾度。面对着民间的新民族主义浪潮滚滚涌来，中国政府以官方名义主动发起抵制西方“反华”言论的运动，以此来平息民众对西方的怨愤。与此同时，政府也加强对媒体的管控。不少人认为民族主义对中国的国际形象和对外政策的制定产生了负面影响。中国的领导人也感到在民众过激的民族主义情绪的影响下，很难理性地做出外交决策。此外，民族主义也将一个不理性的中国呈现给外界，对中国的国际形象不利。

然而，不单是民间民族主义，官方民族主义也可能失控。中国的新民族主义是反应式的，它是否将演化出侵略性，不仅取决于国家和社会间的关系，更取决于国际社会对中国施加的压力。如一位中国学者所言，“围堵中国”战略会在中国激起强烈的民族主义反应，并推动新的威权政权的上台。换句话说，围堵战略将促使中国在反西方的道路上愈行愈远，最终对西方的利益构成真正的威胁。

第六章

新的认同、国家利益和国际行为

笔者已经在前面的论述中指出，中国新民族主义的主要目标，是要为中国的前途提供美好愿景。因此，尽管新民族主义者反对中国西化，提倡复兴传统的儒家民族主义，他们在新时期复兴民族主义的主要目的，却并不是要向国际社会彰显中国日益强大的国力，而是要解决中央权力衰落和国家认同缺失等国内问题。

但是，这并不意味着新民族主义对中国的国际行为毫无意义。中国的前途和未来将对国际社会尤其是其邻邦产生重大影响。国际上就此有诸多关心的问题，包括：中国政府和知识界的民族主义分子费力培养和加强中国民众的国家认同感的真实意图是什么？国家认同事关“我们”和“他们”的划界，对“我们”的认同的加强常常自然而然地意味着对

“他们”的敌意，按照这一思路，国际社会不得不警惕：建立和加强中国民众新的国家认同将对国际社会产生何种影响？中国人会因此而更加仇视其他国家吗？

此外，从唯物论的观点来看，资本主义在中国的发展又将如何影响世界体系？资本主义在本质上就是扩张主义。许多研究马克思主义的学者指出过，帝国主义是国内民族主义向外的自然延伸。资本主义在中国的发展会使中国走上扩张之路吗？随着改革开放的深入，中国经济日渐融入区域经济。近年来，内地与香港、大陆与台湾的经济往来受到广泛关注。人们用“大中华”“中华经济圈”“中华经济共同体”等来描述这一经济联结。除了香港、台湾、澳门地区之外，中国也与邻邦开展经济合作。事实上，中国官方对“大中华”的概念甚为反感，因为它让人联想到日本于20世纪30年代所提出的“大东亚共荣圈”，但不少外界观察家却恰恰认为，中国正在事实上践行它的扩张野心。随着对外经济网络的稳步建立，中国在区域内重拾信心。

中国的经济增长和经济扩张与其新民族主义的兴起是何种关系呢？西方不少人认为，正是经济改革和经济增长促发了中国新一波的民族主义浪潮。尽管一些人认为中国的新民族主义与其往昔的以反帝为主旨的民族主义和毛泽东所发动的民族主义不同，但是更多的人则认为，中国在国际事务中正变得越来越强硬。

艾伦·怀廷（Allen S. Whiting）区分了两种形式的民族主义：过于自信的和自信的。前者强调“我们”和“他们”之间不可妥协的对抗，后者则认为妥协是可行的。迈克尔·奥克森伯格（Michel Oksenberg）提出中国出现过四种民族主义：自怨自艾、自鸣不平式的民族主义，愤怒仇外、自我孤立式的民族主义，刚愎自用的、火药味浓烈的民族主义，展现民族自信心的民族主义。兴起于20世纪80年代以后的民族主义属于最后一种。

在江忆恩看来：

自古以来，在不同的历史背景和权力结构下，中国人一直信奉“居安思危，有备无患”（parabellum）的战略文化。这一战略文化体现在中国决策者的战略决策中，例如，中国喜好使用进攻性的武力（Johnston，1996）。

江忆恩认为，20世纪80年代以后中国的战略文化，依然延续着对进攻性武力的偏好。尽管世界局势已相对稳定，中国经济也日渐融入了全球体系，中国的决策者在考量国家安全和对外政策时，却依然采取极端现实主义的立场。

在这一战略文化的影响下，中国有可能利用经济资源来扩张政治影响力，并借此解决领土争端问题。不少人担忧，以中国为中心的帝国势力范围终将再度形成。两位西方学者指出，因为坚持依循其固有的对于主权的观念，“即使大多数其他国家认为中国试图改变领土现状的行为是侵略性的和危险的，中国却觉得这样的改变完全合乎情理”（Buzan& Segal，1994）。

想要论证中国的新民族主义并非其经济扩张的

结果这一观点并非难事。这一观点引出了一个重要问题：中国政府会通过经济扩张等手段来拓展中国的政治和军事影响力吗？一个更为根本的问题是：中国依然固守于以朝贡体系为基础的传统世界观吗？还是已经转变了对于国家利益、国家主权和中国的国际地位的看法？

在有关民族主义如何作用于20世纪80年代以后中国对外行为的讨论中，有一个重要的事实被忽视了，即中国领导人对现有国际体系的看法已经随着改革开放的深入而转变了。观念随着外部环境的变化而变化。在西方帝国主义入侵之前，中国在与周边国家的交往中，形成了天朝上国的优越感。洋枪利炮为中国带来了现代意义的民族主义，但中国的民族主义并不是一成不变的。随着国内外形势的变迁，中国的民族主义被一再地重新建构。因此，中国目前的对外意图不能简单地通过其过去的行为来推断。在讨论规范和认同如何影响一国的对外行为时，保罗·科维特（Paul Kowert）和杰弗里·勒格罗（Jeffrey Legro）指出，要厘清这一问题，就要先回答一个同样重要的问题：这些规范本身从何而来？不了解规范的形成过程，便很难预测该国会如何采取对外行动。依此类推，如果忽视中国的国家认同在20世纪80年代以后发生的变化，就难免对新民族主义产生错误认识。

在前面几章中，我已从数个方面讨论了中国的新民族主义，这些讨论主要从中国国内政治的角度呈现了新民族主义的复杂性。本章通过分析民间民族主义和官方民族主义（爱国主义）间的矛盾，来解决为何中国官方对民族主义涉入中国外交事务持保守态度的问题。之后，本章将探讨官方民族主义的另一个重要方面：对于国家利益的新认同。尽管在阐释中国对外行为的意图时，“民族主义”这一术语一再出现，中国的民族主义也被与德国和日本的扩张主义相提并论，但中国民族主义对于国际社会究竟意味着什么还有待进一步厘清。本章将关注“综合国力”（CNP）这一中国官方民族主义话语的核心词，讨论在涉外事务中，对“综合国力”的解读如何影响中国决策者对国家利益的战略思维。

在20世纪80年代以后，“国家利益”这一概念取代了毛泽东的国际主义，成为中国外交的主要依据。中国官方分析家提出，在制定对外政策时，国家利益应成为首要的考虑因素。在涉外事务中，民族主义情绪的表达固然应适可而止，国家利益却不可不被强调。董正华指出：“在国际政治中，国家利益与民族主义具有一致性。”“综合国力”是中国国家利益的核心。在中国官方民族主义话语中，“综合国力”和“国家利益”两个概念往往互换使用。综合国力为中国的内政和外交搭起桥梁，因此对中国和国际社会都具有重要意义。对综合国力这一概念的分析将有助于理解中国官方民族主义的内容和中国官方民族主义对中国对外政策制定的影响。

一、中国的综合国力与国家战略

根据中国官方的定义，“综合国力是一个国家在一定时期所具有的经济实力、军事实力和政治组织实力的整体表现，是体现该国各方面发展水平和在国际关系中所处地位的主要标志。在综合国力中，经济实力是主要的和决定的因素，它包括一个国家的人力、物力和财力”（钟财，1995：37）。

近一个世纪以来，“国力”被用来衡量一国在世界民族国家之林中的位置（见 Cline，1994）。“综合国力”类似于“国力”，中国人自 20 世纪 80 年代起开始使用这一概念。邓小平、杨尚昆等老一代国家领导人提出，衡量一个国家的国力，要综合地看，全面地看。1992 年，综合国力的概念正式出现在官方文件中。是年，党的十四大上提出了“综合国力竞争”战略。中共中央总书记江泽民强调：“当前国际竞争的实质是以经济和科技实力为基础的综合国力的较量。”[①] 基于这一国际观，中国的战略理论家正式发展出“综合国力竞争战略”，这是指导一个主权国家发展综合国力以实现国家利益和目标的方略。于中国

---

① 参见新华社政治编辑室编（1992：15），国际竞争力的相关研究，见狄昂照编（1992）。

而言，这些目标包括：

- 捍卫国家的性质、政治制度；
- 维护国家的独立、主权和安全；
- 保卫和促进国家经济、科技的持续发展；
- 创造一种有利于本国政治、经济、社会发展的国际环境；
- 对来自国外的威胁、冲突和挑战做出有效的反应；
- 避免和遏制国内和国际间的战争；
- 维护和提高国家在国际上的地位和威望。

虽然这一战略直到此时才被正式理论化，它在改革初期就已在实际上被视作中国发展的指导方针。如何将“综合国力”解读为一个政治概念？这就有必要对中国国家战略的演进作一个简单的回顾。

中国的国家领导人对中国所处的国际环境的认知，在很大程度上决定了中国的国家战略。据中国官方分析师所言：“国际环境”（IE）的核心是国际格局，以及一国在这一格局中所处的地位。国际环境对中国国家利益的影响主要体现在三个方面：一是军事上国家安全受到威胁的大小；二是政治上中国在国际社会中得到多少支持；三是中国对外经济关系受到什么样的制约。

综合国力的重要性在该国所处的国际环境中体现出来。中国的综合国力越强大，在国际上的地位就越高，也越容易从国际上获利。强大的综合国力也使中国有能力在国际事务中发挥重要的作用。综合国力可以通过多种方式来衡量。经济实力指中国在多大程度上融入了国际经济体系，以及能从这一体系中获益多少。军事实力可以通过中国是否受到他国的军事威胁来衡量。政治实力主要表现在两方面：国际上，中国是否有能力保护其海外利益；在国内，是否有能力维持政治稳定和实现国家统一。

在各项指标中，“科技发展水平”（LTD）尤其重要。它指中国的科技实力在世界科技发展现状中所处的位置。中国能否有效地实现国家利益在很大程度上取决于其科技发展水平。科技发展水平也对中国的国际地位有着重要影响。

自中华人民共和国成立以来，中国的国家战略经历了几次大的转变。在大跃进时期（1957—1958年），毛泽东提倡“赶超”战略，他提出中国必须在15年内赶超英、美这样的西方发达国家。“文革”期间，阶级斗争取代经济发展，成为国家的首要任务。1975年，周恩来提出以工业、农业、国防和科技四个现代化为国家的发展目标。在对外政策上，由于中国领导人将避免战争视为中国最主要的国家利益，反霸权主义作为中国外交的主题贯穿整个毛泽东时期。

20世纪80年代末邓小平掌权后，中国开始集中力量发展经济，对国际环境的认识也相应地发生了改变。1978年，具有划时代意义的中共十一届三中全会召开，正式提出将党和国家的工作重心从阶级斗争转向经济建设。这一国内重心的转移要求中国将创造良好的国际环境作为国家的战略目标。在很大程度上，这些变化都有赖于邓小平对国内政治和国际政治相互联系的认识。1980年，邓小平为中共提出了三项重要任务：反对霸权主义、国家统一和经济现代化。尽管在国际事务中，邓小平依然强调反对霸权主义，但反霸权主义的主要目标，却是要为中国的国内发展争取一个和平的国际环境。邓小平将经济现代化视为解决中国国内问题和所面对的国际上的挑战的最重要途径，并认为经济实力决定中国在民族国家之林中的地位。他公开承认中国的国家实力非常弱，必须集中力量于国内发展，对外政策的制定应依从有利于国内经济建设的原则。[①]

在邓小平看来，寻求一个和平的国际环境符合中国的国家利益，应该成为中国对外政策的主要目标。他提出：

> 我们的对外政策，就本国来说，是要寻求一个和平的环境来实现四个现代化。……这不仅符合中国人民的利益，也是符合世界人民利益的一件大事（邓小平，1984）。

---

① 邓小平在论及中美关系时提出了这一观点。他指出中国还十分贫穷，基础设施落后。在制定对美政策时，必须考虑到这些情况。见邓小平（1987b：265）。

但是，要寻求一个和平的国际环境，和平必须首先被认为是可能的。在毛泽东眼里，中国的周边危机四伏。邓小平则试图说服其他中国领导人世界是善意的。

1983年，邓小平在同几位中央负责同志的谈话时再一次强调："大战打不起来，不要怕，不存在什么冒险的问题。以前我们总是担心打仗，每年总要说一次。现在看，担心得过分了。我看至少十年打不起来。"1985年在会见日本商工会议所访华团时，他又重复了这一想法：

> 我们多年来一直强调战争的危险。后来我们的观点有点变化。我们感到，虽然战争的危险还存在，但是制约战争的力量有了可喜的发展。……现在世界上真正大的问题，一个是和平问题，一个是经济问题或者说发展问题（邓小平，1985）。

1987年，邓小平得出了"争取比较长期的和平是可能的，战争是可以避免的"的结论。

20世纪80年代，中国对外政策制定的主旨，是为本国国内发展创造良好的国际环境。这一战略的施行获得了成功。中国改善了与各邻邦的双边关系，实现了经济的高增长，尤其是在对外贸易上增长显著。

1989年政治风波之后，中国的国际环境恶化，受到来自西方的各种制裁。随着苏联和东欧共产主义政权的瓦解，中国成为固守在社会主义阵营的唯一大国。邓小平的国家发展战略面对来自国内和国际的严峻挑战。但是，他坚信国际上的挑战是可以克服的，因为和平与发展依然是世界政治的主题。鉴于此，中国还是应该将经济发展放在首位。因此，中国政府还是表达了中方愿与美方改善关系的诚意。与苏联分道扬镳后，中国的民族主义情绪高涨。邓小平却保持冷静的实用主义立场，认为中国的国家实力应以经济实力为基础。在他看来，为了集中力量于本国国内的发展，中国必须坚持如下几项原则：

第一，中国千万不要当头，这是一个根本国策。这个头我们当不起，自己力量也不够。当了决无好处，许多主动都失掉了。中国永远站在第三世界一边，中国永远不称霸，中国也永远不当头。

第二，中国的对外政策还有两条：第一条是反对霸权主义、强权政治，维护世界和平；第二条是建立国际政治新秩序和经济新秩序。

第三，经济发展得快一点，必须依靠科技和教育。每一行都树立一个明确的战略目标，一定要打赢。高科技领域，中国也要在世界占有一席之地。

这些原则被纳入中国共产党第十四次全国代表大会的决议中。这项决议提出，中国的社会主义制度可以包容市场经济体制，并重申改革开放，解放和发展生产力，建设有中国特色的社会主义。十四大所提议的“综合国力竞争战略”是对邓小平相关思想的系统阐述。尽管十四大的决议也强调了中国融入世界政治和军事现代化的重要性，它的根本主旨是以国内发展为基础，树立中国的强国地位。

为了提升国家的综合国力，中国政府制定并实施了一系列政策措施以促进经济、科技、公民的教育水平和军事等各方面的发展和进步。

中共很清楚应紧紧把握住经济建设这个中心，使国民经济持续稳定增长，这于提升综合国力至关重要。根据1987年中国共产党第十三次全国代表大会上的报告，党的十一届三中全会以后，我国经济建设的战略部署大体分三步走：第一步，到1990年，实现国民生产总值比1980年翻一番，解决人民的温饱问题。第二步，到本世纪末，使国民生产总值再增长一倍，人民生活达到小康水平。第三步，到下个世纪中叶，人均国民生产总值达到中等发达国家水平，人民生活比较富裕，基本实现现代化。根据官方说法，国家在1988年实现了第一步目标，并且在1995年就顺利完成了第二步的任务，提前5年实现了国民生产总值翻两番。1996年初，全国人民代表大会通过了国家发展轮廓性的远景目标。在这一远景目标中，到2000年，实际人均国内生产总值比1980年翻两番，人均收入到2010年再翻一番。如此，中国将在15年内成为中等收入国家。

提高科技水平是增强综合国力的另一项要务。邓小平强调中国必须在世界的高科技领域占有一席之地。钱学森和周光召等老一辈科学家也指出，下个世纪将是高科技竞争的世纪。高科技是提高综合国力的密钥，只有当中国在高科技领域处于领先地位，方可成为有能力应对国内和国际上各种挑战的世界强国。“863”计划是自1987年开始实施的高新技术研发计划，意在提升中国在生物、自动化、信息、能源和新材料等方面的技术水平。此后出台的“火炬计划”通过建立高新技术产业开发区来推进新兴技术的产业化。

军事现代化也是综合国力的重要方面，它的重要性到了20世纪90年代尤其显著。人民解放军将战略重心从毛泽东的“人民战争”转向高新技术，军备发展的重心也由陆军转为海军。这些最新趋势引起了国际社会的关注。即便关于中国的军费预算热议不断，中国政府也依然认为，国家只能将一小部分经济资源投入军事现代化。军方也认识到军事现代化会消耗大量的经济资源。在军事现代化和经济发展孰者优先的问题上，政府和军方似乎达成了共识：经济发展优先于军事现代化。1980年，邓小平（1980，1994：285）指出国家现在支付的军费相当大，这不利于国家建设，“我们应当尽可能地减少军费开支来加强国家建设”。1985年，他再次强调：“四化总得有先有后。军队装备真正现代化，只有国民经济建立了比较好的基础才有可能。”因此，军事现代化必须服从国家的总体现代化战略。邓小平也鼓励军队涉入国家经济建设。事实上，支持国家和地区经济建设已经成为中国军队的一项主要任务，这对军队产生了不利影响。

提高中国的人口素质也是中共的一项重要议程。中国政府力图在2000年之前全面实行义务教育。此外，各项教育政策纷纷出台，包括强化现有的义务教育，发展职业教育，完善高等教育的现有体系，改革中国的教育系统和提高教育工作者的专业水准等。[①]

然而，很难说中国的教育状况与改革之前相比是否有所改善。财政的萎缩使政府无法为基础教育提供足够的资金，这一情况在贫困地区尤为严重。国家财政实力的下降也对高等教育产生了负面影响，大量

---

① 对20世纪80年代以后的中国教育体系的介绍，参见Bih-jaw Lin & Li-min Fan（1990）。

教育工作者和研究人员将心思放在获取经济利益上，热衷于参加商业活动以赚得额外的收入。目前，中国有 22000 万文盲，约占世界文盲总数的四分之一。教育水平的低下已成为中国经济现代化的主要阻碍，而财力和人力的不足也使这一情况很难在短期内得到改善（黄硕风，1990）。中国的人力资源在亚太区域位列末流，相比于韩国的 42%，中国只有 2% 的适龄人口接受过高等教育（见 Wong，1996b：14）。如果这一情况持续下去，中国的经济增长将很快放慢。

尽管综合国力发展战略意在实现平衡的发展，经济发展还是被置于绝对的优先地位，因为科技进步、军事现代化和人口素质的提高都需要经济资源的支持。经济发展优先原则也影响了中国的对外政策，后者服务于中国国内的经济建设。

在邓小平时代，“国内发展优先”无疑是中国制定对外政策时所依循的原则，外交政策也因此而相对稳定。然而，随着中国综合国力的迅速增长，国际社会开始担忧中国是否会因此转而推行侵略性的外交政策。换句话说：在后冷战时代，中国会改变对国家利益的看法吗？

二、后冷战时期的国家利益

20 世纪 90 年代，三个重要因素影响着中国对国家利益的看法：冷战的结束、新一代领导集体的政治合法性、领导集体对中国真实实力的认识。

冷战期间，中国的国家利益须放在美苏两大国主导世界政治的格局中来理解。随着冷战的结束和苏联的瓦解，中国的国家利益也面临着重新定义。如同其他大国，冷战的结束也将中国抛入一个不确定的世界。对中国来说，这些不确定包括提升国际地位的机遇。包括美国在内的许多昔日的世界强国正在衰落，中国经济却已实现了十多年的高速增长。随着中国的综合国力与日俱增，中国学界乐观地认为中国已是世界大国。

中国应如何在新的国际政治格局中为自己定位

呢？中国官方分析家认为，新格局的特质使冷战后的国际关系产生了四个基本特征：一是关系复杂化。在多元格局里五大力量之间形成交叉三角关系，敌友之间的界限模糊不清，各国政策变化取向不确定。二是集团松散化。政治与军事集团内部关系松散，各国对外政策独立性增强，同盟国之间和非同盟国之间的距离日益接近。三是外交多边化。多边机构和组织的作用突出。四是合作区域化。区域化成为新地缘政治的动力，地缘和文化同一性的概念不断取代了意识形态同一性的作用（阎学通，1996b）。

无论国际环境如何变化，有一点是清楚的：中国还是应该集中力量于自身发展。本国的经济增长和现代化是中国在国际上寻求利益的先决条件——这不仅是邓小平一代的领导人的共识，也是新的领导集体的共识。江泽民在中共十五大（1997）上强调经济改革先行。他指出，中国近代史告诫我们，落后就要受制于他国，因此增强综合国力才是中国的唯一出路。第九届全国人民代表大会进一步决定，施行大规模的政府机构重组，来为国家的经济改革提供制度保障。无论国际环境如何变化，中国紧紧围绕经济建设这个中心。20 年来，经济的发展不仅令中国各个方面的面貌都焕然一新，也提升了中国的国际地位。除非国际上发生危害中国国内发展的剧变，经济建设的优先地位就不会被动摇。

冷战的结束恰逢中国领导集体的新老交替。学界认为新一代领导集体正诉诸民间民族主义来巩固政权。这是因为，毛泽东、邓小平等老一辈领导人的执政合法性，来源于他们打江山的革命经历，新一代领导人则显然不具备这样的条件。执政者担心政治改革会导致政局动荡，其他的社会主义国家已有前车之鉴，而不对政治体制进行改革。“发展”才是巩固政权的硬道理，当政者就只能完全依赖经济绩效来稳固执政地位。不改善老百姓的生活，要稳住人心谈何容易。

新的领导集体意识到如果不把经济搞上去，中国很难真正在国际上立足。根据 1996 年发布的政府远景目标，中国的国民生产总值将在未来 15 年保持年均 7.4% 的增长率。到了 21 世纪初，中国有望成为超级经济大国（《大公报》,1996）。但对于中国崛起，中国领导人却并不乐观。他们认为即使中国在不久的将来成为世界上最大的经济体之一，它也还是贫穷的。到了2010年，中国的人口将多于13亿（《大公报》，1996），人均国民生产总值依然会远远低于发达国家水平，届时还将有至少1000万人口处于贫困线以下。

马克思主义者相信，为了保持经济的增长，帝国主义是资本主义发展初期的必然产物。中国的发展可以避开这条铁律吗？中国的战略家很清楚，现在早已不是通过海外军事扩张来保持经济增长的时代，科技进步才是促进生产力的最重要手段。邓小平早就提出过“科学技术是第一生产力”的论断。在上文所提到过的国家远景目标中，其中一项就是将中国的增长方式从粗放型转变成集约型。

对中国现有综合国力的清醒认识，使得以江泽民为核心的新的领导班子继续强调以经济建设为中心。他们清楚，只有壮大中国的综合国力、提高人民的生活水平，才能稳固执政党的执政地位。而要实现这一切，一个和平友好的国际环境至关重要。

正因此，中国对于国际和平与国内发展之间关系的认识，在冷战后并无大的改变，而这又影响了中国对于国家利益的理解和所采取的相应的国际行为。在中国的战略分析家看来，在后冷战时期，中国的国家利益包括民族生存、政治承认、经济收益、主导地位和世界贡献。这几项内容形成了“民族生存”在最高处和“世界贡献”在最底层的等级结构。冷战期间，中国将国家安全和政治承认或国家主权视为最高国家利益。随着冷战结束，这一观念转变了。阎学通指出：“冷战后的多极格局和我国与世界强国之间实力差距的缩小趋势，使得我国的安全环境明显改善，这使我国安全利益的紧迫性下降了。然而对经济发展重要性的认识，以及我国与发达国家巨大的科技差距，提高了我国经济利益的紧迫性。”事实上，于中国而言，维持世界和平、避免卷入任何形式的军事冲突是首要的国家利益，因为只有实现了这一点，国内的经济建设才能正常进行。在现实主义政治思想家阎学通看来，世界和平和中国发展间的正相关关系可以通过统计数据得到证明：

从 1949 年到 1979 年的 30 年间里，中国平均每 5 年要卷入一次军事冲突。由于频繁地卷入军事冲突，所以经济建设不能正常进行，这 30 年的经济建设没能取得更大的成果。而 80 年代起，中国没再卷入任何军事冲突，经济建设成果丰硕。……中国必须将避免卷入军事冲突作为首要的国家利益（阎学通，1996c）。

经济实力的增长推动着中国在国际上寻求更大的利益空间。中国的战略理论家指出，无论是国力增长的国家还是国力衰落的国家，都要根据自身新的实力来重新确定本国的利益范围和内容，综合国力增长的国家自然感到国家利益的范围在扩大，内容在增加，目标要提高，同时想要更积极地参与国际事务。如阎学通所言："随着国力的增长，中国认为自己有必要采取更坚定的立场维护自己的尊严和利益"（亦见顾德欣、黄琦，1996）。

邓小平在苏联瓦解时就曾指出："美苏垄断一切的情况正在变化。世界格局将来是三极也好，四极也好，五极也好，……所谓多极，中国算一极。中国不要贬低自己，怎么样也算一极。"此外，他也警示："强权政治在升级，少数几个西方发达国家想垄断世界。1989年，邓小平在会见美国总统特使、总统国家安全事务助理布伦特·斯考克罗夫特（Brent Scowcroft）时声明："两国（美国和中国）相处，要彼此尊重对方，尽可能照顾对方，这样来解决纠葛。"邓小平也在其他场合多次强调作为独立的主权国家，中国有自己的国格和民族自尊心。他国不可在不听取中国意见的前提下，把它们的意志强加给中国。

事实上，新的领导集体将寻求国际尊重视为中国外交的主旨。当时的外交部长钱其琛也认为，中国在世界事务中扮演越来越重要的角色的同时，必须得到国际社会的认可和尊重。他声言：

一个和平、安定、繁荣、发展的中国正在世界的东方崛起。这件事引起了越来越多的国家的重视。……人们在讨论中国将在国际上可能起到的作用，……世界的和平与发展需要中国。孤立中国做不到，也没有什么出路，只会使自己受损。……相互尊重、平等对话，才是增进共识、缩小分歧、发展国与国之间合作的唯一正确途径。

值得指出的是，新老两代领导人为中国寻求国际认同的方式存在差异。老一代领导人强调中国的主权，并坚决抵制和仇视来自国际上的压力。而新一代领导人则意识到，尽管他国应该尊重中国，中国也要积极主动地“争取”这种尊重，所以，新一代领导人更有可能站在他国的立场来反观中国该怎么做。也正因此，民族主义对中国外交政策的影响被最小化了。在本章的余下部分，我将用三个案例来呈现中国对国家利益的新认知如何影响其对外行为。

三、中美关系：从敌人到“战略伙伴”

1989 年后，以美国为首的西方国家对中国施加严厉的经济和政治制裁。邓小平在会见美国前总统尼克松时提出，结束两国的敌对状态，美国应该采取主动，也只能由美国采取主动。在与美国总统特使、总统国家安全事务助理斯考克罗夫特的谈话中，他也表达了对布什总统能为中美关系的改善和发展做些贡献的希望。在邓小平看来，中国无法承担与美国敌对的代价，因为中国的发展需要一个和平的国际环境。也正因此，自冷战结束以来，中国的对美政策在很大程度上顺应着美国的对华政策。

20 世纪 70 年代末，中国开始推行改革开放政策，大洋彼岸的美国对此呈现出一片乐观情绪。他们相信中国将成为第一个从计划经济和极权制向市场经济甚至民主制转变的社会主义国家。换句话说，中国会变得“更像我们（美国）”。不难理解，中国政府对 1989 年的政治风波的态度使美国人如梦初醒，他们的对华政策也因此急剧转向。

但事实上，中美两国冲突的实质并不是意识形态，而是利益。冷战期间，苏联是中国和美国共同的敌人，中美关系建立在对抗苏联这一共同利益之上。此外，中国的改革开放也为美国带来了经济利益。但随着苏联的瓦解，中美共同的战略利益消失了。除此之外，中美间的贸易平衡也很快发生了逆转。从80年代初期到末期，美国对中国贸易从顺差转变为与日俱增的逆差。许多美国人开始将中国视为另一个重商主义的亚洲经济体，它的成长壮大只会损害美国的经济利益。

尽管布什政府在20世纪80年代末对中国施加了多项制裁，它还是避免与中国发生正面冲突。例如，它保住了中国的最惠国待遇。1993年，比尔·克林顿（Bill Clinton）成为美国总统，美国对华政策急剧转变。克林顿政府将人权问题视为对华政策的核心，是否更新中国的最惠国地位，也被明确置于中国是否能改善其人权状况的前提下。布什政府曾试图增进中美高层领导人的对话，但克林顿在当政头几个月回避了此类接触。

美国对华政策的转变在中国激起了强烈的反响。邓小平一再强调美国和西方没有任何权力将他们的意志强加于中国，因为国权比人权重要得多，中国也不会向任何威胁屈服。另两件事也加重了中美关系的恶化：美国对中国申办2000年的奥运会投了反对票；克林顿政府命令美国海军搜查驶往中东的中国商船银河号，据称该商船载有化学武器。20世纪80年代，不少中国人尤其是知识分子曾视美国为中国学习的榜样，但银河号事件等加上西方所散布的“中国威胁论”，转变了中国民众对美国的印象。如同笔者在之前篇章中所提到过的，大多数中国人开始将美国视为敌人。[①]

1993年底，在对已有的对华政策进行评估后，克林顿政府提出了“接触”政策。接触策略为美对华政策带来三项改变：第一，将是否更新中国的最惠国地位与中国的人权问题脱钩。第二，不再紧追人权问题不放，而是将双边对话拓展到更广阔的领域。

① 中国内地和香港的媒体密切追踪银河号事件。大多数观点认为美国是霸权国家，藐视中国的国家尊严。

第三，克林顿重启与中国高层领导人的接触。在中国官方看来，“接触策略”意味着什么并不明晰。许多人将“接触”视为“围堵”的一部分。在实际操作层面，中国并未看到美对华政策有什么大的改变。美国确实派遣了来自商务部、国防部、商务代表处和人权事务处等的内阁使团到访中国，但他们对中国似乎并不友善。

美国在台湾问题上的做法加深了中国对美涉华政策的质疑。1994年，克林顿政府重申了美对台政策。它没有明确美对台长期意图，也没有触及台湾“独立”的敏感问题，却将重点放在美国与台湾官员接触的规定上。其中一项规定是：台湾官员只有在以美国为中转站前往他国时才可进入美国。但这项规定很快被打破。1995年春末，台湾地区当局领导人李登辉在美国康奈尔大学发表主题演讲。中国官方认为，美国通过挠扰海峡两岸的统一，甚至支持“台独”，来对华实施围堵政策。当中国通过发射导弹和在台岛沿岸部署舰队来表达对“台独”的不快时，美国却通过向海峡派遣两艘航母来表达保护台湾的意愿。美国的做法让中国民众的反美呼声再一次高涨。

台海危机表明了中国实现国家统一的决心，显著影响了美对华政策。克林顿政府声言，帮助中国融入国际社会、使其享有一个大国应有的权益并承担起相应的责任是美国的长远目标。美国并无意阻挠中国崛起或围堵中国。“接触”意味着帮助中国成长为一个受尊敬和负责任的真正的大国。中国在成为大国俱乐部的一员时，必须遵守这一大家庭的规则。克林顿政府还强调，美国并不认为中美两国的核心国家利益相冲突，相反，两国可以形成长期合作伙伴关系。

克林顿政府表达了愿与中方恢复最高规格的官方接触的意向。1997 年春，副总统阿尔·戈尔（Al Gore）被派往中国。同时，两国元首互访的行程也在计划中。按照这一计划，江泽民主席将于 1997 年末访问美国，克林顿总统也将在 1998 年访问中国。此前，江泽民和克林顿已在联合国和亚太经合组织等多边组织见过面，但他们的双边会晤却将是自 1989 年以来的头一次。中美间的国事互访，1989 年乔治·布什（George Bush）总统访问中国后就中止了。

美国所表达的帮助中国融入大国俱乐部的意愿，在中国看来是要视中国为平等的伙伴。此前，部分中国人认为美国的“融入”战略是要将中国束缚在由西方主要大国所创立和主导的国际体系中，以限制中国的发展。令人吃惊的是，一旦美国承认中国是大国，中国马上对“融入”的概念持欢迎态度。的确，长久以来，成为世界大国一直是中国民族主义的主旨。

自从中国领导人看到了美国的善意，中国的对美政策也发生了大转变。那些曾经对美持批评态度的领导人开始强调中美关系的重要性。中国社会科学院副院长刘吉解释了这一转变：

美国从来没有直接侵略过中国。《望厦条约》和1900年的庚子赔款等更多的也只是历史学家们的研究对象，中国的普通民众对此并无多少印象。……美国人民直率的性格、对自由的追求和实用主义的风格赢得了中国人民的欣赏。因此，近两代人的敌意在两国关系的天空中只是一抹扰人的云彩而已。现在这朵云飘走了，于是万里晴空（刘吉，1997）。

事实上，使中国发展得像美国那样强大，是几代中国人的梦想。对他们而言，两国关系的真正阻碍，是美国不愿将中国视为平等的伙伴。反对美国无视中国的国家尊严、把自己的意志强加到中国，正是反美民族主义呼声的主要内容。

1997年9月，江泽民主席如期出访美国，与克林顿总统就中美两国建立“战略合作伙伴关系”达成共识。中国政府认为克林顿和江泽民的会晤具有重要的象征意义，是中美两国关系进展中的重大成就。次年6月，克林顿总统对中国进行了回访，这无疑进一步改善了中国对美国的印象。

中美就区域稳定、核合作、人权、宗教自由、非政府组织论坛及联合国关于经济权、社会权和文化权的公约达成了多项协议。双方决定展开政治和安全对话以促进世界和平和稳定。此外，两国元首将定期会晤，美国的国务卿、国防部长和国家安全顾问也将与中方代表互访，双方还将定期举行关于政治、军事、安全和军备控制等议题的非正式会谈，并建立两国首脑的直接沟通渠道。在军事关系，海上军事安全，军队交流，推进法制和加强执法，打击毒品和犯罪，科技、能源、环境合作等方面，两国也取得多项共识。

对于江泽民和克林顿的会晤，中国官方和民间的反响都比预期的更为积极。李鹏总理在接受采访时表示，江泽民主席成功访美，标志着西方对中国的不公正制裁基本结束。更重要的是，会晤使中国人民对美国产生了好感。不少中国人将克林顿标榜为第一位愿意接纳中国的大国地位和不再以美国利益来评价中国行为的美国总统。

诚然，在不少中国领导人看来，中国无意也不应该挑战美国的世界霸主地位。李鹏总理表示，中国决不低估美国在世界上的作用。无论它的经济实力还是科技、文化等，都有许多可取之处。但是，中国绝不能容忍美国干涉中国内政（MP，1998）。刘吉指出，中国想要寻求的中美关系不是对抗，而是合作；中美合作不仅与美国在下个世纪继续担当世界第一超级大国的利益相洽，也有利于中国的现代化。即使在中国的现实主义者看来，中国是否将崛起为真正的世界大国，在很大程度上取决于能否避免与美国的正面冲突。阎学通将“避免与美国的军事对抗”视作“中国长期的战略安全利益”。在他看来，冷战结束后中国面临的最主要潜在军事威胁来自美国，中美对立会使美国采取如下行动：第一，在亚太合作中强化日美联盟，以日本平衡中国在亚洲的大国作用。第二，加强对中国分裂势力的支持，增加对台军售，使中国的统一安全受到威胁。第三，在中国与周边国家的边界纠纷中支持与中国对立的一方，增加他们在与中国解决矛盾时讨价还价的筹码。

在其于哈佛大学所作的演讲中，刘吉指出，“谁想与中国为敌，谁就会发现，中国不仅是不可战胜的，也是坚韧不拔的；以真心换真心，以朋友之道对待中国，中国也将以友谊相报”（刘吉，1997）。刘吉的此番言论很快被民族主义呼声的渐渐平息所证明。克林顿与江泽民的会晤，让中国领导人看到了美国的善意，也对中美两国关系有了新的认识。双方都愿意通过减少分歧、取得共识来建立长期的伙伴关系。随着双边沟通变得更实际、更理性，两国关系的稳定化及中国成为美国长期战略合作伙伴的前景指日可待。

四、钓鱼岛争端

1996年7月16日，一些日本学生（右翼分子）在钓鱼岛上非法搭建了一座灯塔。一如往昔，中国政府强烈谴责日本的做法，并重申中国对钓鱼岛的主权。在日本，政府官员对此事件表示遗憾，但也重申日本对钓鱼岛的主权。两国外交话语交恶很快引爆了包括中国大陆、香港、台湾在内的世界各地中国人的保钓运动。

中日两国对钓鱼岛的主权争议由来已久。邓小平在1978年访问日本时提出，以搁置争议来推进两国关系。1979年，一些日本人试图在岛上建设交通设施，引起了中方的激烈反对。进入20世纪80年代以后的改革时代，为国内发展争取和平的国际环境成为中国外交政策的主旨。1984 年，邓小平以钓鱼岛为例，提出中国政府在处理与他国的领土争端时，应优先考虑如何不让这些争端对国内的经济发展产生负面影响。邓小平进一步提出了“搁置争议，共同开发”的原则来解决领土争端问题。在中国领导人看来，占有钓鱼岛不会为中国带来任何实际的战略利益，而维持中日邦交的正常化却符合中国的政治、经济和战略利益。然而，中方的示好并未获得日方的友好回应。

1996 年保钓事件始发时，人们普遍认为中国政府会支持民众的民族主义热情。但这样的预期显然并无任何站得住脚的依据。自改革开放以来，中国官方和民间对中日关系都保持着高度的敏感性。日资随着改革开放涌入中国，这使得中日的联系日益密切。但相应的问题也很快出现了。20 世纪 80 年代中期，北京学生掀起了反日浪潮。1985 年中日贸易进出口总额达到 164.4 亿美元，其中进口额 108.3 亿美元，出口额 56.1 亿美元，两项逆差 52.2 亿美元。不仅如此，一些日本商人向中国市场倾销了一批过时淘汰的机械设备。更令中国人不快的是，日本领导人拒绝为日本国在二战中的侵略行为道歉。在这种形势下，中国的青年学生们轻易地接受了中央高级领导人中存在着“亲日派”的说法，认为政府的对日政策太软弱了。

更重要的是，日本在亚太地区的政治影响力逐步上升。日本于1996年与美国签署了新的安全协议，欲将协议范围扩展至台海地区。在日本国内，不时有政府官员参拜供奉着战犯牌位的靖国神社，甚至矢口否认二战时的对华侵略事实。这些都引起了中国人的强烈不满。中国官方分析师指出，新的美日防御计划意在牵制中国的崛起。而日本对二战中的侵略行为的否认，也被普遍认为是其军国主义的抬头。

于中国的民族主义者而言，政府应该站在民众一边，对日本采取强硬政策。这是因为：第一，政府可以借民众的民族主义运动来向日本显示保钓的决心。第二，以爱国主义为主旋律的反日呼声有利于加强新的领导集体的执政合法性。据报道，江泽民在了解了上海学生的反日示威后，称赞他们是爱国的。

这是这么多年来，中央领导人第一次欣然接受学生的请愿。第三，香港、台湾及世界各地中国人与日俱涨的反日爱国主义情绪，可以成为促进中国统一的强大力量。中国政府表示愿与台湾一起保卫钓鱼岛。台湾当局不仅表示支持反日运动，还呼吁大陆和台湾共同捍卫对钓鱼岛的领土主权。在香港，12000 人上街示威游行，抗议日本的夺钓行为。包括香港六所高校和其他高等教育机构在内的公共组织领导了这些示威游行。在参加示威的各色人等中，呼声最响亮的是曾强烈谴责中国政府的各民主团体的领袖，其中包括一直对中国政府抑制香港民主进程政策持不满态度的议员们。中国政府能够团结起如此多而复杂的政治势力、在中华各地形成民族凝聚力，这种情况并不多见。

但事态的发展并不如中国的爱国主义者所愿。事件之初，中国政府对日本的夺岛行为反应激烈，然而，随着香港、台湾、澳门和大陆各地的反日呼声日渐高涨，中国政府很快采取强硬举措控制大陆的示威运动。但这并不意味着中国政府对钓鱼岛的主权问题采取妥协态度。相反，中国政府对日本加大了“官方”压力。中国政府对民间民族主义浇冷水，只是为了确保它不会对中国的国内稳定和国际关系产生负面影响。

几项因素促成了中国政府对民众反日运动态度的转变。首先，民间民族主义的复杂性，使得政府对其可能产生的结果难以预估。包括香港的民主力量在内的各种政治势力都发出了爱国主义呼声，但中央政府很难判断他们是否会借机滋事，将反日运动与中国的民主化等政治问题相联系。第二，示威游行与中国政府的以政治稳定为重的原则相悖。如果学生运动愈演愈烈，可能将超出政府的掌控，威胁到国家的稳定和现代化。第三点也是更重要的，和邓小平一样，中国新的领导人深知稳固的中日关系对中国国内发展的重要性。中国政府不希望国家的现代化进程因任何国际纷争和冲突而放缓。也正是从日本侵华的深刻教训中，中国人明白了落后就要挨打。因此，为了集中力量建设国家，即使经常遭到民众的不满，中国政府也力图维持与日本的友好关系。

在国家的对外关系中，对日关系是最受中国民众关注的。他们不仅关心日本的对华政策，也通过密切追踪日本国内的政局，来揣摩中日关系的走向。这种格外关注的理由很简单：

日本侵华在中国的民族历史上留下了血淋淋的伤痕。日本人是最后的入侵者，因此中国人对其罪行的记忆也是最切近的。日本不仅侵吞了大块大块的中国领土，也通过收买汉奸来统治中国。更糟糕的是，中国的部分统治精英为日本的劝诱所动而与其勾结，助长了日本在华势力的形成和扩张。而战后，日本的执政者却对其士兵在侵华战争中的罪行采取拒绝承认甚至失忆的态度（Wang，1996）。

刘吉也指出："日本侵华的惨痛记忆很难从中国人的脑海中褪去。"日本侵华史构成了中国现代史的重要部分。于不少中国人而言，日本成功迈入现代化，正是以将中国绑在耻辱柱上为代价的。因此，日本一旦对中国"使坏"，就立刻令他们想起其过去的滔天罪行：1894年到1895年的中日甲午战争、《马关条约》、伪满洲傀儡政权的建立、“九一八”事变、“华北五省自治”、卢沟桥事变和南京大屠杀。中国青少年发展基金会和《中国青年》于1997年初对10万名海内外青少年进行了有关日本的问卷调查，结果显示，这些青少年中的99.4%表示不会忘记日本曾经侵略过中国，76.4%表示看到日本国旗会让他们想起日本侵略者的暴行。接受问卷调查者的平均年龄在25岁左右。另一项1997年初在北京航空航天大学的调查表明，超过90%的人清楚地知道中日两国之间在历史上发生的事件，同时82.7%的学生认为，作为一名中国青年，应该牢记日本侵华的历史。

中国人未看到日本忏悔战争罪行的诚意，日本也依然对中国缺乏尊重。德国人一再向二战中遭受其暴行的欧洲和其他地区的人民致歉，日本政府却有意曲改历史。日本的年轻人对国家历史的阴暗面所知甚少。中方认为，只有承认史实，日本才有可能正确面对历史。否认史实，就是日本军国主义抬头的信号。在过去25年里，日本的政治家屡次发表声明否认侵华史实。在日本的中、小学教科书中，这段历史也被含糊地一笔带过。

中国青少年发展基金会和《中国青年》杂志社发起的调查显示，96.8% 的中国青少年对日本拒不承认侵华罪行感到极大愤怒，93.3% 的青少年认为日本对侵华史的态度是影响两国关系的最主要因素之一（*The Xinhua News Agency*，1997）。事实上，不少人担心不知悔改的日本将会继续对中国构成威胁，正如其积极响应西方针对中国的围堵战略。这种担忧显然影响了中国人对日本的印象。例如，在上述的问卷调查中，只有 3% 的青少年认为，日本在华投资是为了帮助中国，而有 83.3% 的人则认为，这是为了占有中国市场和获取利益，更有 45.6% 的人认为，日本试图在经济上控制中国。

中国官方分析家认识到民间民族主义并不是解决中日两国纷争的有效途径。要建立长期稳定和和平的中日关系，就要正确解决两国历史遗留问题。如同德国，日本应从心理上同那些曾遭受过侵略的国家改善关系。可以肯定的是，中国人是否可以原谅日本过去的罪状，很大程度上取决于日本对上次战争所持的态度，这个态度将决定日本未来对于可能发生的冲突所持的态度。

五、从双边主义到多边主义

新的国家利益认同的建立，也促使中国的战略思维从双边主义转向多边主义。冷战时期，中国在区域内以双边主义的政策影响邻邦，以期建立亚洲霸主的地位（Levine，1984：118）。冷战后，中国的战略家们越来越意识到多边政治合作和集体安全体系的重要性，双边主义已不再是中国追求国家利益特别是安全利益的最有效手段。阎学通指出：

冷战后，世界主要国家都意识到和平既是一国，也是世界各国共同的国家利益。靠增强军事实力保护个体安全的方法是难以持久的，为了持久有效地维护自身的安全，有必要建立集体安全体系（阎学通，1996）。

中国的战略家认为，集体合作安全保障体系是一种比个体安全保障体系更为安全和保险的系统。这是因为：在集体合作安全体系中，每个国家的安全除了靠自己的力量之外，还受到集体合作安全条约的保障。此外，集体合作安全机制还多了一层威慑作用。畏于集体的惩罚，单个国家就不敢冒险采取侵略行动（阎学通，1996）。

这一集体安全观反映在中国对东南亚国家的政策上。中国在冷战时期是不赞成在东南亚搞集体安全机制的，并视1967年成立的东盟（ASEAN）为由美国主导的反华军事联盟，会对中国安全构成威胁。[①] 但中国的战略家在冷战后逐渐改变了看法，他们意识到建立亚太地区集体合作安全保障是中国宏观的战略安全利益。

中国与东南亚国家的冲突主要围绕着南海诸岛

---

① 关于中国对东南亚政策的讨论，见郑永年（1996：48-62）。

尤其是南沙群岛的领土主权。邓小平在 1984 年会见来自美国的代表团时提出有些国际上的领土争端，可以先不谈主权，先进行共同开发。这样的问题（领土争端），要从尊重现实出发，找条新的路子来解决。同年，邓小平在中央顾问委员会第三次全体会议上的讲话中提出将“搁置主权问题，共同开发”作为解决南沙群岛问题的办法。

另一方面，东南亚国家也劝说中国加入与东盟的多边安全会谈。1994 年中国在东盟地区论坛首次会议上，提出五点亚太安全合作的原则和措施。中国的搁置主权问题的提议目的在于促进集体安全机制的早日建成。尽管进展有限，但是这些提议无疑有助于中国调整与邻国的关系。中国参与了亚太经合组织（APEC）、东盟地区论坛（ARF）等各种形式的区域对话，并表达了通过协商来寻找解决领土争端的可能途径的意愿。

建立亚太地区的集体合作安全机制对中国的战略安全有两个好处：可以防止东亚地区的军备竞赛，也有助于建立和平的周边环境。但在阎学通看来，真正值得担忧的是，如果他国擅自使用武力来占领具有争议的岛屿，中国也就不得不诉诸武力来保卫其领土和主权。

结论

中国的当政者基于对国家利益的认识来制定对内和对外政策。强调综合国力就意味着国家发展须从各个方面平衡考虑，而不仅仅是着力于军事实力、经济实力等单个方面。将经济发展作为提升综合国力的重中之重，说明中国的当政者相信国家利益可以量化。

这一逻辑使得中国的领导班子在制定对外政策时更加务实。意识形态因素不再对中国的外交起到主要作用。中国的战略家意识到“冷战结束后，意识形态之争已不再是国际政治斗争的关键”（阎学通，1996c：43）。自20世纪70年代末起，中国就放弃了以意识形态划线的政策。务实渐渐成为中国外交的主要特征，这尤其体现在中美关系上。即使是对于领土主权，中国的看法也有了一定的变化，在某些具体的问题上，主权分歧可以让位于国际合作。

改革开放以来，中国发生了翻天覆地的变化。随着经济实力的增强，中国开始寻求国际地位的提高。中国在国际事务中变得更为自信是可以理解的，但自信并不等同于攻击性或侵略性。随着国内和国际形势的发展，中国对国家利益的观念也发生了转变。在国家利益认同上，如何从旧的世界观转换到现代民族国家体系的语境中，中国人依然在学习和适应。

饱尝了几个世纪的屈辱，中国人渴望获得国际社会的尊重。这或许会被视为一种执迷不悟，但中国人不这么看，他们相信这份尊重是中国应得的。随着经济发展和国家实力的增强，不少中国人甚至认为他们有权力要求这样的尊重。中国的新民族主义正是在他国未给予中国应有的尊重的情境下而兴起的，因此，它将如何影响中国的对外行为，在很大程度上取决于他国会以何种态度对待中国。

第七章

中国新民族主义将何去何从？

中国的新民族主义会变得具有侵略性吗？它意在推动中国与其他世界大国争夺军事和政治权力吗？不少西方学者认为，崛起中的大国会对全球势力分配的现状和既有霸主的霸权构成挑战。这种动荡的转变和竞争，最终会将世界引向战争。据此观点，许多西方人担忧，中国崛起会成为现有国际秩序的不稳定因素，威胁世界的和平与安全。

一、后冷战时期的中国战略选择

中国人如何思考中国的国际角色。这些思考所呈现的国家认同的转变表明，中国崛起所带来的影响并不必然落入这些西方学者所预设的模式。借用艾伯特·赫希曼（Albert Hirschman）所提出的“退出、抗议和效忠”三种策略选择，中国最有可能选择的国际战略是“抗议”，而不是“退出”或“效忠”。

中国不可能无条件地“忠于”现有的国际体系，这须从两方面来理解：一方面，如前面章节中所讨论过的，在新民族主义的推动下，越来越多的中国人意识到，现有的国际体系并不必然符合中国的国家利益。西方国家一手制定了现有国际体系的规范和准则，当时贫弱的中国并无实际的发言权和影响力。这些规则固然使中国受益，但终究会制约中国的发展。正因此，中国的领导人倡议建立国际政治、经济新秩序。另一方面，西方对中国崛起将改变世界秩序和稳定的担忧，也让中国人明白，现在的国际体系很难真正包容崛起中的中国。

中国也很难做到“退出”现有的国际体系。第一，西方不会允许中国这么做。让一个拥有核武器的共产主义国家“生存”在国际体系之外是危险的。如第一章所言，除了一些“强硬的现实主义分子”，西方并不愿意孤立中国。

第二，中国经济与世界经济的相互依存也让“退出”无以可能。与西方主要国家的经济联系已经成为中国经济发展不可或缺的部分，20多年的改革开放也让中国经济极大地融入了世界体系。在经济改革的初始阶段，中国吸引了大量外资，但却无法引进西方的高新技术。中国的建设者很清楚西方资本和高新技术对中国持续发展的重要性，而融入国际体系是获得这些的最有效途径。因此，1997年9月，江泽民在会见克林顿时的一项重要的议程，就是说服美国重新开放因1989年的政治风波而对中国中断的高新技术输送。同样，朱镕基也提出了科教兴国战略。1998年3月，朱镕基总理访欧，他特别提出中欧应在科技方面开展合作。

第三，即使西方愿意接受中国的崛起，中国也无法建立一个以己为中心的世界体系。改革开放以来，中国在经济上取得了长足发展，可望在21世纪初成为超级经济体。但高速现代化也给中国国内带来了诸多问题并引发了中央权力的危机。没有稳固的制度基础，中国难以建立以己为中心的国际秩序。此外，中国共产党的意识形态也对国民失去了吸引力，中国人意识到，旧的意识形态已经成为国家重塑国际声望的主要阻碍，而国际声望对一个世界大国来说又是至关重要的。虽然知识界开始复兴儒家文明，中国能否依靠儒教来建立新的国际秩序还有待观望，如白鲁苟所言："尽管中国有着伟大的历史……它进入现代化的方式让它的民族主义相对稚弱。"

在后冷战时期，中国最有可能选择的是"抗议"战略。事实上，中国已然对西方主导的国际体系发出抱怨，并呼吁建立新的国际秩序。但这并不意味着中国试图"退出"现有体系，中国也无意于主导建立新的国际秩序。中国要做的是"改革"现有体系，使其更有利于中国崛起和中国的国家利益。

新民族主义的兴起会改变中国的"抗议"战略吗？接下来的部分将论证为何中国将"抗议"视为其成为大国的唯一途径。在强烈的民族主义情绪的影响下，中国官方学者和政府中强硬的现实主义派会做出理性的战略选择吗？本研究表明，随着国家利益观的转变，这些精英在制定政策时所使用的带有民族主义色彩的语言，并不影响这些政策的理性实质。更何况，新民族主义也面临着中国国内的诸多挑战。民族主义只是20世纪90年代众多政治势力中的一支，而不是唯一的。20多年的改革开放培育了众多政治和社会力量。20世纪80年代，受到政府抵制的自由主义盛行于各社会群体中。到了20世纪90年代，民族主义兴起，但自由主义依然有着很大市场，它还与全球主义密切相关。的确，自由主义或全球主义对民族主义构成了严重挑战，要理解新民族主义的未来也须从理解它的挑战入手。

中国新民族主义的兴起不仅是对本国现代化所做出的回应，也是对国际形势的发展所做出的回应。西方各式各样的反华理论在中国激起了强烈的民族主义情绪。不少中国人相信西方并不乐见且想方设法遏制中国的发展，因此，民族主义被视作动员各方国内力量抵制西方围堵战略的必要手段。但这一想法对国家政策制定的影响显然具有复杂性。

新民族主义的对外目标是建立新的国际经济和

政治秩序。如前所述，新民族主义者不满于现有的国际势力分配，希望国际秩序向有利于中国国家利益的方向转变，这让中国的新民族主义呈现出进攻倾向。中国也不可能选择“退出”现有的国际体系。中国国际战略的选择不仅受制于各种国内外因素，也取决于中国如何看待自身崛起和西方对中国崛起的态度。中国官方的战略家们即使满怀民族主义情绪，也还是认为“抗议”和“参与”才是中国成为大国的唯一途径。

二、中国真的会被围堵吗？

中国真的会被围堵吗？在中国的现实主义分子看来，“围堵中国”理论的出现是冷战结束的自然结果，不可能真的实现。冷战后，美对华政策发生了变化。随着苏联的瓦解，中美失去了共同的敌人，中国也因此不再对美国的全球战略具有重要意义。中国的迅速崛起很自然地让不少美国人对其是否会挑战美国的全球利益产生质疑。但围堵理论的制造者高估了中美利益的冲突面，低估了合作面。只要两国在全球和区域拥有共同利益，美国就不会真的对华实施围堵政策，同样，中国也不会发动民族主义运动来反对美国。

以美国为首的西方所炮制的围堵战略，受到多项因素的制约。中西间的冷战并不现实。中国不同于苏联，既不想孤立自己，也无意于建立集团或联盟。开放政策是中国国家战略的核心。中国和西方都想参与对方的发展，双方也已在中国开放政策下形成了相互依赖的关系。只要中国的发展依然保持活力，能让西方从中获益，西方就不会孤立和围堵中国。

退一步讲，就算美国真的对中国实行围堵政策，也很难成功。世界局势在冷战后向多极化发展，并不是唯美国独尊。美国与其他世界大国的关系不应被美化，他们之间的潜在冲突不容忽视。在欧洲，统一后的德国依然可能成为第一流的国家。在亚洲，日本倾向于将东盟放到战略考虑的重要位置，并力图成为区域的政治领袖。日本的所作所为不仅值得中国警惕，也将对美国的亚洲利益构成挑战。此外，区域认同的加强也促进了各种形式的区域经济、军事和政治联盟的形成。这些都表明，尽管美国依然是头号强国，它的霸主地位并非不可动摇。

从地缘政治的角度来看，美国也不可能采取过于强硬的对华战略。美国一方面不愿看到中国变成对其国家利益形成挑战的另一个苏联，另一方面也极力遏制俄国再次发展壮大。正因此，美国将北大西洋公约组织（NATO）东扩，并插手台海危机。但美国也深知，它对中俄两方的遏制行动都不能太过火，否则，中、俄很有可能形成联盟共同对抗美国，这将对美国的全球战略利益造成致命打击。

亚太问题也是美对华遏制战略所受到的制约之一。亚太已成为世界经济发展的中心，谁掌握了亚太，谁才能够在世界上占据最有利的地位。美国在亚太的利益系于两点：一是这一新兴地区的领导权不能失于他人之手；二是这一地区业已形成的繁荣稳定的局面必须保持，其巨大的发展机会不容丢失。

就第一点即亚太的主导权而言，美国面临的是两个对手。它既要挟日抑中，也要借中抑日。今天的日美安保关系与冷战时期的情况已不可同日而语，美国的用意之一，是借此继续拴住日本，把日本置于从属的位置；而日本的用意也有转移美国对它的注意力，麻痹美国的对日警觉，借中美对抗达到同时牵制两个对手，进而坐大自己的目的。这就使美国在推行对华遏制政策时不得不留一手，防止日本从中利用。就美国利益的第二点，即保持亚太的繁荣稳定，不丢失巨大的发展机会而言，美国若采取与中国全面对抗的政策，恰恰对它是不利的。中国目前是西太平洋地区最具分量、最有前景的国家之一，丢失了中国，将给美国在亚太的经济利益带来严重损失，并为美国的竞争对手更多地进入中国市场提供可乘之机。

美中之间可观的共同战略利益的存在对美国对华遏制战略构成了最重要的制约，这主要表现在四个方面：一是经济上互有需要。冷战后，一国的经济利益上升为该国最重要的战略利益，使经济因素在当代国际关系和一国对外政策中的分量加重。经济利益、经济安全大大提高了美中关系在各自战略棋盘上的分量。二是在维持国际力量均衡方面，美国需要借助中国来平衡其他的大国力量。三是在保持亚太的稳定和推进区域合作方面，中国是个举足轻重的因素。四是在解决与西方和美国利益相关的全球性和地区性问题上，需要得到中国的积极配合，例如国际禁毒、抵制伊斯兰激进势力的蔓延和威胁、防止核扩散、在联合国安理会中的协调等等。

但美国的遏制战略并不是中国崛起的唯一外来障碍。除了美国因素外，中国的崛起环境有其他的复杂层面。阎学通认为崛起环境可从三个方面来看：卷入战争或军事冲突的风险、世界主要国家接受该国崛起的程度、海外经济利益的扩张速度。

中国必须在崛起道路上规避战争和军事冲突，因为大规模的军事行动，将耗费大量原本可以用于国内建设的资源。世界主要国家的对华政策，也决定着中国是否能够和平崛起。不少国家已经对中国的雄心保持警觉，如果中国不能与这些国家保持良好的关系，消除它们的顾虑，其崛起必然受到阻碍。当然，这些国家是否将遏制中国，最终还是取决于利益考虑。这也牵涉到崛起环境的第三方面，即中国的海外经济利益扩张。中国在出口、技术引进和海外投资等方面的经济活动，不仅应有利于中国的发展，也应使其他参与国获得经济利益。中国海外经济环境的改善，有赖于这种共赢的局面。

鉴于上述这些考虑，中国的现实主义者认为，必须压制国内的民族主义运动。这有多重战略意义：一是防止美国与中国周边国家共同遏制中国。冷战后，中国的崛起已经在西方国家和周边地区引起了一些误解，认为中国强大之后会称霸世界，所以“中国威胁论”的市场不断扩大。这种认识虽然是错误的，但中国应充分正视西方主导的世界体系将长期存在这一现实，采取参与的战略，进入到这个体系中去，而不能因为民族主义情绪而游离于这个体系之外。游离国际体系之外的孤立主义政策，容易使中国成为美国的遏制对象，而进入到这个体系之内，中国则能与其他国家尤其是周边国家发展较多的共同战略利益。二是有利于中国积极主动地参加亚太地区各种多边政治和安全机构的活动。如此，即使中国的观点立场不能成为国际社会普遍原则，至少可以减少不利于中国的国际规则出台。三是使中国外交变得更加积极和具有建设性。参与不是卧薪尝胆，不是准备将来有一天对在历史上有负于我国的国家进行报复，而是通过向世界提出更多的有建设性意义的思想，增强中国的影响力，更多地承担起领导世界走向更美好的未来的责任。

中国的现实主义派还提出，不应去主动挑战现有的国际体系。中国只能成为区域性大国，不可能成为世界性领导者。要成为世界性大国，不仅取决于经济、军事等因素，还有一个价值观的问题。目前世界上的主流价值观是西方的价值观。东方文明能否取代西方文明，世界潮流是否将由西方转向东方，这种趋势也决定着中国能否成为世界一流国家。此外，也有学者指出，“搭便车”对中国是不可能的。中国的定位必须是大国，否则没有出路。中国，做挑战者没有资格，也不可能；做纯粹的追随者，也不可取。中国只能在不同的领域选择不同的战略。

尽管新民族主义者中的大多数反对现有的国际体系，他们中也有部分人认为应将精力放在国内改革上，这样才能使中国融入国际体系。这种内部改革包括如下几点：第一，完善市场经济体制，这是中国经济融入世界经济的必要条件。世界通行的经济准则即使与中国的利益有所抵触，也应被尊重和遵循。第二，中国应废弃传统的重商主义。国家在中国的主权、社会秩序和市场发展中都起到了重要作用，但不应过多涉入中国在国际上的经济活动。中国一方面从自由的国际市场获利，另一方面却又嚷嚷着要重塑国际经济秩序，这并不可取。中国应致力于推进自由的国际市场，唯有如此，中国崛起才能对世界体系做出贡献。第三，对于国家主权的观念应做些改变。无疑，捍卫国家主权是国家的责任。但荣敬本也指出："在建立国际新秩序方面，同样必须尊重历史形成的国家主权，如果去算历史的老账，必然引起国际民族纠纷。"任何冲突都会对中国国内的发展和稳定产生极大的负面影响，所以，在争夺主权时，也应考量国家经济由此将受到的影响。

煽动人心的民族主义确实常常妨碍决策者的理性思考。不少国外观察家担心，中国的外交决策将在新民族主义的影响下脱离理性的轨道。但实际上，民族主义与理性选择并非不可并存。中国民族主义的目标是实现国家富强。因此，民族主义“热情”屈从于国家“利益”，前者并不妨碍中国的决策者为国家做出理性的选择。

三、自由主义与新民族主义的争论

中国的新民族主义者认为中国不应被整合进由西方所建立的现有国际体系中，提议通过“反西化”和“反西方文明”来强化国家认同感，并强调中央集权是中国发展的先决条件。然而，这些观点受到了自由主义者和全球主义者的严重挑战。在自由主义者眼里，自由主义是超民族的或超文明的价值体系。民族主义者认为市场化和自由化是西方文明的产物，因此将中国在20世纪80年代以后的改革视为一种西化过程。自由主义者则不这么看。他们认为自由主义是人类文明的普适价值，并不是任一文明的独有产物，它是中国走向现代化无法拒绝也不应拒绝的价值观。如秦晖所言：

"自然"的制度优于"人为"的制度，市场经济优于指令经济，民主政治优于专制政治，政教分离优于政教合一，信仰自由优于宗教审判，等等（秦晖，1996）。

经济改革带来个体自由，这不应被视为"西化"。个体自由是一种普适价值，也应是民族主义的目标，束缚公民权的民族主义是不合理的。在个体自由这一点上，各文明之间不存在冲突，实现人的尊严和权利是它们共同的终极目标。中国要成为真正的文明大国，就应接受自由主义。

合理的民族主义以公民权利的实现为前提。……

民族主义所要捍卫的民族利益只能是民族中每个成员个人利益的整合，因而民族利益的体现者只能通过自由公民意志的契约整合程序（即民主程序）产生。任何人不能超越这一程序而自称为民族利益体现者，并要求别人为他所宣称的“民族利益”作出牺牲。换句话说，合理的民族主义是以民主主义为前提的（秦晖，1996b）。

著名作家刘心武提出，所有国家都应尊重“人类共享文明”，中国作为这一文明的一员也不例外。他谈道：

这种文明虽然是由一个民族，或几个民族比较早地创造出来，但是，它有利于推动其他民族的生产力的发展与生活水平的提高，这种文明就叫做人类共享文明。……但我们得坦率地承认，最近几百年来，西欧和北美为人类这一文明提供的东西更多一些。这些东西既不要去问姓“社”姓“资”，也不要问姓“外”姓“中”，它就是人类共享文明（刘心武，

1996）。

正像《中国可以说不》一书所体现的，民族主义者对西方文明持强烈的抵制态度，自由主义者则认为对西方说“不”只会拖缓中国自己的发展进程。在许纪霖看来，《中国可以说不》中所表现的一类民间反西方情绪，已经成为近代中国落后的一个主要因素。日本向先进的西方学习治国之道，将自己从受外强欺凌的危境中解救出来。在同样的危境下，中国的统治者却试图利用义和团运动这样的民族主义运动来抵抗西方。西方文明虽然是随着殖民主义的扩张来到东方，但两者并非是一个有机的不可分离的整体。在西方现代文明的多元结构中，既有支持霸权主义的成分，也有抗拒它的成分，不可一概而论。中国需要的是合理的民族主义，向西方学习市场、自由、民主、法治等等“软实力”。反西方主义只是一种饮鸩止渴，它只能倒过来加剧民族认同的危机本身，而无助于走出现代化与民族主义冲突的传统困境（许纪霖，1997）。

新民族主义者认为，民族主义是中国实现现代化的前提，并强调缺少了民族主义的现代化将无以使中国强大。而自由主义者则将全球主义视为中国现代化的目标。在他们看来，民族主义过盛会妨碍中国融入世界体系。例如，孙立平就曾指出：

民族主义情绪的兴起，以及这种民族主义的情绪在社会生活中的影响的不断加深，使得一个问题再一次提到我们的面前，这就是中国要不要继续进入和融入到世界主流文明中去。……在另外的一些国家，民族主义情绪却成为自我封闭的理由，成为社会与经济发展的障碍。只要看一下当今的世界，我们就不难看出，一些最旗帜鲜明地坚持民族主义的国家，往往也就是最抗拒现代化的主流文明的国家，有的甚至也就是当今世界上最落后的国家（孙立平，1996a）。

孙立平进一步区分了作为手段的民族主义和作为目标的民族主义。民族主义可以被用作促进社会整合和民族凝聚的手段。但若将民族主义视为目标，则往往会片面夸大本民族某些特质的优越性，并以这样的优越性来拒斥其他民族文化中有益的东西。就一个正在进行现代化的落后国家来说，前一种意义上的民族主义往往会对现代化起推动的作用，而后一种意义上的民族主义则往往使这个民族的现代化走向歧途，甚至出现对现代化的反动。在这种情况下，能否自觉地选择世界的主流文明，将自己自觉地融入到这个主流文明中去，并在这个主流文明中成为一个积极而活跃的角色，仍然是中华民族面临的一个关键的抉择。如果狭隘地以民族主义作为一种基本的标准，由此设定一个国家或社会的发展目标，将会对中国社会的发展造成极为有害的影响（孙立平）。

新民族主义者认为，由西方所主导建立的现有国际规范和准则不符合中国的利益，中国应改革现有的国际体系或至少对一些规则做出调整。相反，自由派则认为现有的国际规则于中国有利。自由派的代表人物李慎之提出，中国应抛弃地缘政治这样的陈旧概念，接受全球化和相互依存有利于世界各国的事实。

对遭受西方列强欺凌的屈辱记忆，很容易使中国的民族主义衍变成沙文主义，而这实际上会阻碍中国崛起。要成为真正的大国，并为世界和平与安全做出贡献，中国只能接受现有的国际准则。据他所言：

在全球化已经成为大趋势的现实情况下，中国未来可供选择的现代化道路就不可能是另起炉灶，而是理解全球化的进程更深刻，参与全球化的进程更积极，在全球化进程中提出更高明的指导原则，来推进和提高全球化的进程（李慎之，1994）。

无疑，现有的国际政治、经济和外交准则是在西方几个主要国家的主导下制定的，将它们称作西方文明的产物并不夸大。但这并不意味着中国就无法从这些准则中受益。

陈少明认为，中国不能因为自己是发展中国家，就以国际规则不适应本国国情为理由而拒绝之。其他东亚国家已经证明，接受这些规则有助于改善国情。

继《中国可以说不》成为畅销书之后，新出版的

《中国不当“不先生”》一书赢得了同样可观的读者，它的作者是中国社会科学院世界经济与政治研究所的研究员沈骥如。在这本书中，沈骥如列举了一组反对“说不”的理由。他认为，全球主义应成为中国的认同。中国对西方说不起“不”，也无法拒绝融入现有的国际社会，更不可能孤立自己或寻求霸权。苏联正是因为说“不”而最终分崩离析。

苏联曾试图谋求世界霸权。它以争夺和对抗的方式处理国际关系，在联合国采取了不合作的态度，并拒绝参加国际货币基金组织和世界银行。这些做法严重威胁了美国利益，促使它联合其他西方国家，全面地遏制苏联。同时，由于苏联的扩张危及了西方的势力范围，促使西方进一步加强了反苏联的阵线。苏联为了取得压倒美国的军事优势，不遗余力地与美国开展了军备竞赛，耗尽了国力。经济改革的失败最终使苏联难逃瓦解的厄运。

在沈骥如看来，自冷战以来崛起了四股主要力量：美国、欧盟、俄国和中国。中国应在国际事务中扮演重要的合作者的角色，与其他三股力量共同推进多极世界的形成。尽管坚决反对美国的霸权，中国也须承认美国在世界政治中的重要角色，与美国真诚合作，以保障自身的安全利益。如此，美国才不会将崛起中的中国视作其全球利益的威胁。

沈骥如还提出，中国应在国际经济事务中顾及西方的经济利益。合作可以带来双赢局面，适当做些让步并不会使中国的尊严受损。中国在得利于国际经济合作的同时，也应尊重国际贸易机制的规则。更重要的是，中国不应坐等被拉入国际体系。中国在亚太经合组织等国际组织的表现，展示了中国主动融入国际体系的意愿和努力，应得到肯定和鼓励。

针对中国国内的政治体制，自由派对民族主义者提出了更激烈的挑战。新民族主义者支持国家主义，认为只有将权力重新收归于中央才能振兴中国。自由派则支持通过政治改革来实现民主制，在他们看来，国家主义和中央集权会削弱国力。

20 世纪 80 年代末，中国官学两界展开了关于新权威主义的讨论。新权威主义的支持者认为，中央权威是推进中国经济体制改革的关键，提出实行新权威统治。自由派则坚持，民主制才是中国的政改方向。20世纪90年代的东欧剧变让中国的知识分子深切认识到稳定的重要性，他们不再谈民主化和激进的改革。但随着新民族主义的兴起，这一论争又被摆到台面上。

事实上，自由派并不排斥中央集权，但他们认为中国走向富强的基石应是民主而非民族主义。他们指出，近代中国的民族主义兴起于亡国灭种的危境中，但既然现在已经实现了国家独立和民族解放，就应将重心转向民主和人权。李泽厚、王德胜谈到：

> 又例如社会秩序问题，在某种意义上，我主张集权，中央要有很大的权威，要有一个强有力的中央政府。假使地方权力太大，完全不听中央，那最后就必然是打内战，因为各个地方都有自己的利益，没有一个强有力的中央来调节、控制，地方利益冲突起来，那还得了。……“新权威主义”要把集权固定下来，我却认为还是要向民主制度过渡（李泽厚、王德胜，1994）。

陈少明对新民族主义大加反对。他指出，民族主义声称维护、争取国家利益就是为了民族利益。但事实上，国家利益和民族利益未必等同。他以纳粹德国为例来论证这一观点：

以第二次世界大战为例，法西斯与反法西斯主义的国家都声称为民族利益而战，其时国家意志都凌驾于个人利益之上。但结果是，有些国家利益与民族利益是一致的，有些是背离。纳粹时代的德国，国家牺牲了人民，即最终损害了德意志民族的利益。民族主义很容易……演化为国家主义。……在和平的年代里，如果我们热衷于强调国家意志的话，那只有一种选择，就是从市场经济退回到计划经济（陈少明，1996）。

国家主义的支持者认为中央须牢牢控制财权。自由派并不反对中央掌握财权，但他们提醒不对权力加以约束就会导致权力被滥用。将权力集中到中央应以对中央权力进行制度约束为前提（张曙光，1995）。

当政者不能以抵制普适价值为代价来巩固政权或促进民族团结。没有内部竞争机制（民主）的保障，任何政治系统都会走向末路。张曙光（1995）指出，苏联有先进的武器，人民对国家也有信心，但最终还是分崩离析了。显然，张曙光是借用苏联的例子来告诫民族主义的危害。只有实行民主，使民众参与政治事务，中国才有望成为强国。陈少明谈到：

> 以民族主义进行社会动员是有条件的，一般是民族危机时期，它才对社会有感召力。……但一旦这种危机消失，社会复又一盘散沙。……如果（民众）没法将自己的切身利益同有组织的行为联系起来，对任何政治动员的反应自然冷淡。……要提高社会动员的效率，从长远看，切实的措施是通过改革，提高民众参与政治事务以表达其愿望的机会（陈少明，1996）。

沈骥如认为，中国不仅应在经济体制上与世界接轨，也应在政治和社会制度上向美国学习。美国之所以能够成为世界第一强国并保持住这一地位，除了国力和财富，更重要的是制度因素使然，它的自由和包容吸引了世界各地的顶级人才（沈骥如，1998：351）。沈骥如也看到，资本主义社会并非一成不变，资本主义和中国特色的社会主义的共通性越来越明显。因此，中国应该欢迎之前一直排斥的“和平演变”，它有助于中国社会的进步。

笔者在第二章中提到，中国近代史上关于民族主义的讨论，围绕着三种主权类型展开：民族的、国家的和人民的。国家主权论和人民主权论者都寻求强大的国家，但就如何建立强大的国家看法不同。他们的分歧在20世纪80年代以后依然存在，两派都在政坛和社会各界有着各自的拥护者。无疑，新民族主义的发展受限于自由派的抵制。从对抗西方到与之合作，中国社会对国家利益的理解的转变受到了全球主义的推动。

四、中国正在拥抱这个世界

20世纪90年代初，白鲁恂在审视了中国民族主义的发展轨迹后总结道：中国的精英在否定中华文明和将其浪漫化两个极端间摇摆不定。其他发展中国家的文明正在努力尝试向传统注入现代元素，从而产生出新的民族主义，而中国似乎更愿意固守传统，这正是出于对中华文明的浪漫情结。

看到今日中国的景象，白鲁恂一定会同意他当初的结论过于草率了。几十年的改革开放让中国渐渐融入世界，而目前的国际环境，也是自中华人民共和国成立以来最有利于中国发展的。和平的国际环境和与他国的紧密联系让中国人对世界的看法改变了。当普通中国人接触到越来越开放的外界信息，他们对世界大事的了解也会更加客观和深入。1996年，《中国青年》在中国五大城市（北京、上海、广州、武汉和哈尔滨）对民众如何看待国家对外开放的程度展开了调查。调查显示，在五个城市居民中，很关心国际新闻者占56.5%；不关心者占5.1%。

从封闭走向开放，中国社会的改变对中国人的观念产生了两方面的影响。首先，中国人对世界秩序的看法变得更为多元了。当上述调查中的五个城市居民被问及中国目前在世界上的地位时，有两种观点的赞成者的比例比较接近，即特殊地位论——“中国的文化悠久，具有它特殊的世界地位”（32.8%）和地位未定论——“中国正在改革和发展中，它在世界上的地位还不好判断”（30.0%）；其次为潜在市场论——“中国仅仅在经济上被其他国家作为一个很有发展前景的大市场来看”（16.9%）和世界强国论——“中国在政治、经济和文化的力量已成为世界上最强大的国家之一”（13.1%）；持落后国家论——“中国现在是世界上的一个落后国家，没有什么特殊重要作用”者的比例为 2.7%（零点调查公司等，1997：32-3）。大多数居民看好融入世界对国家发展的影响，并认为中国应向西方学习。其次，在向西方学习一事上，中国人也变得更为理性。他们不再盲目崇拜西方，开始有选择地吸取各国所长，以为中国特色的现代化所用。

在这一背景下，新民族主义和自由主义（全球主义）之间的关系便能得到更好的理解。显然，“抗议”介于“效忠”和“退出”之间。中国不会完全接受现有的国际体系，也不会拒斥它。

“抗议”战略契合中国民族主义争取民族独立和主权的主旨。在中国近代史上，民族主义是中国对西方帝国主义凌辱的反抗。中国的政治精英希望借助民族主义来重拾独立的民族主权、民族尊严和中国的大国地位。始自孙中山，民族主义就寻求中国作为大国应有的国际地位（见第二章），目前的新民族主义亦如此。对于孙中山等民族主义者来说，中国可以通过表达不满而非建立一个以己为中心的新的国际体系，来争取与其他大国平等的地位。换句话说，“合作的方式”比“对抗的方式”更有利于中国的国家利益。1949 年中华人民共和国成立以后，中国成为苏联的亲密伙伴。50 年代末，中苏关系恶化，毛泽东试图带领中国重建国际秩序。1972 年，中美关系正常化，中国的外交政策发生了大转向，开始联美抗苏。自此，中国不再拒斥西方主导的国际体系，并努力融入之。即使 20 世纪 80 年代以后出现了新民族主义，这一积极融入世界的大方向也没有改变。

冷战结束后，中国的领导人一再强调应建立更有利于中国利益的新国际秩序，而这一“新国际秩序”的一个主要方面，就是推进中国作为独立主权国家的地位。值得注意的是，在正式场合和文件中，中国的政治精英很少用“新世界秩序”一词，而是以“新国际秩序”来表达他们对世界政治的看法。在中国人看来，“世界秩序”一词带有霸权的意味，美国作为霸主是这一秩序的主要推动者。“新世界秩序”以合作解决世界问题之虚，行干预国家主权之实。反之，“新国际秩序”意味着各个主权国家是这一秩序的独立单元，而这一秩序的初衷也是为了保持这些国家的独立和主权。

中国并不需要以革命的方式来建立这样的新国际秩序。中国要做的是发出不满的声音，以期对现有的国际秩序进行改革。西方特别是美国在国际事务中的重要性有目共睹。随着苏联的瓦解，两极格局结束了，世界正在走向多极化。中国人很清楚，尽管中国可以成为一“极”，但美国的世界领袖地位不可动摇。资深国际问题专家何方坦言：“美国确实拥有政治、经济、军事、科技的全面优势。”更重要的是，中国的分析家也承认，在所有这些方面，美国是中国现代化的参照标准，这也正是中国的政治精英一再强调中美合作重要性的心理基础。

1993年底，中共中央办公厅和中央军委办公厅举办了国际形势发展研讨会。根据香港方面对此次会议的分析报告，逾六成与会者把日本看成头号敌人，三成认为美国仍是主要敌手，约一成与会者认为俄罗斯将成为危险敌手。如前所述，不少中国人认为新的日美军事联盟意在遏制中国。但随着日本称霸东亚的野心日渐彰显，中国认识到美国介入东亚事务可以平衡日本势力。据美国高校的一位中国博士生的研究分析，中国官方认可美国的世界领导者地位，有40%的政治精英在不同程度上表示“赞成或支持美国领导世界”，这是因为：首先，国际体系需要一个领导者。其次，与其他更为危险的野心国相比，美国温和得多。1995年，李登辉访美在中国激起了强烈的民族主义情绪，但中国官方对此事处理谨慎，以防引致任何于中美关系不利的结果。诚然，中国官方在不同场合表达对西方的不满，但也尽量避免与西方尤其是美国的任何直接冲突。

值得注意的是，一旦西方国家尤其是美国对中国示好，中国的民族主义情绪就会有所平复。如本书第六章所呈现的，中国有融入世界的意愿，也希望改善与他国的关系，这些都反映在中美关系和中国与亚洲邻邦关系的转变上。在国际事务中，中国政府也显示出合作的诚意。在与美国总统克林顿的会晤中，江泽民主席做出承诺，中国将批准 1966 年获联合国大会通过的《经济、社会、文化权利国际公约》（ICESCR）。1998 年 3 月 13 日，北京方面声称中国政府已于 1997 年 10 月签署了《经济、社会、文化权利国际公约》，尽管据媒体推测真正的签署日期可能是 1998 年 4 月的某一天。同时，中国政府也宣布将签署《公民权利和政治权利国际公约》（ICCPR），该公约于 1966 年由联合国大会通过，1976 年生效。由于中国曾坚决抵制这两项国际公约，中国如今的表现令外界惊讶。但若考虑到成为“大国俱乐部中的一员”是几个世纪以来的中国梦，中国为此做出改变也在情理之中。

中国不仅积极融入世界，也在区域秩序中承担起大国的责任。在 1997 年的亚洲金融危机中，中国为国际货币基金组织向泰国提供的一揽子救济计划捐献了 10 亿美元。中国政府还坚持人民币不贬值，防止了亚洲货币的新一轮贬值。而中国这样做，按照朱镕基的话说，是因为中国对亚洲地区的经济稳定负有责任。

随着苏联的瓦解和冷战的结束，中国和西方都失去了国家战略的旧有基础，在调整对外行为以适应新的国际环境上遇到了许多困难。失去了苏联这个共有的敌人，中国和西方还未找到足够坚实的新的合作基础。双方的利益，无论是物质的还是文化的，都面临着严重的冲突。

中国在经济上迅速崛起，苏联的瓦解忽然将它推到一个特殊的历史机遇前。这是自清末以降，中国第一次有望成为国际社会中的重要力量，一洗百年耻辱。随着经济实力的增强，中国的国际地位提升了。在国际事务中，中国也扮演着重要的角色。这些都让中国的民族主义者强烈要求，改变由西方主导建立的于中国利益有诸多不利的现有国际体系，甚至建立一个全新的体系。中国的战略家也认为，在国际体系中占据主导地位将极大地有利于中国。对于中国国内的情况，民族主义者目睹了以分权为导向的现代化对国家的影响，提出应借助民族主义来树立新的国家认同，反西化是这一时期中国民族主义的主题。此外，经济上的成就也让中国人对自己的文明和传统恢复了自信。儒家思想不再被视为现代化的障碍。以西化为导向的现代化给中国带来了各种“疾病”，儒家思想是治疗这些疾病的良方。而为了复兴儒学，必须展开抵制西方文明的运动。从以上这些方面来看，中国很有可能变得民族主义化。

但中国的外交政策不会是民族主义的。中国的新民族主义是反应性的。中国的当政者很清楚落后就要挨打，而以落后之资窥霸主之位更是痴人说梦，因此将提高国家的综合国力作为重中之重。中国愿意接受不触犯中国利益的国际准则，也愿意在大是大非的国际问题上做出适当妥协，因为友好的国际环境有利于国内发展。当然，中国主张根据变化后的全球势力格局相应地建立国际政治、经济新秩序，但这并不意味着中国会动用原本用于国内建设的资源来进行这种国际革命。相反，大部分中国人认为中国应该通过积极参与来融入现有的国际体系。中国人关心中国的国际和区域地位，但也谈中国对推进全球和区域和平与安全的“责任”。但中国不能容忍西方用现有的国际规则来遏制中国的发展，因此采取“抗议”战略。王缉思指出，美国试图迫使中国围着它转……一旦美国将本国的意志强加于中国，两国就会产生摩擦。

一个强大的中国，对中国自身和对国际社会来说，究竟意味着什么？从美国方面来看，随着苏联的解体，中国不再是战略合作伙伴。美国成为唯一的超级大国，从地缘政治的旧有观念来看，它没有理由再与中国保持友好关系。中美间的战略合作基础一旦瓦解，就注定在安全、贸易、人权、台湾、香港、西藏等问题上发生严重冲突。此外，西方一部分人在20世纪80年代认为，改革会将中国变成一个经济自由化和政治民主化的国家，西方价值观也将盛行于中国。但事态发展并非如他们所愿。冷战结束后不久，西方又有人预言中国将步苏联之后尘成为民主国家。但他们的期望又落空了。于是，这些西方人开始恐惧中国的崛起，害怕一个强大的异己的中国成为西方的严重威胁。但中国已经在经济上取得了傲人成绩，必将成为区域乃至世界的霸主，西方能做的只能是遏制其进一步发展。这正是20世纪90年代初“中国威胁论”的发生逻辑。如何减轻甚至消除中国的威胁，成为西方的棘手大事，他们提出了“围堵中国”和“分裂中国”等理论。

但是，想要遏制中国的崛起并非易事。西方的阻挠或许将使中国的崛起速度在后二三十年放缓，却无法使其停止。这是因为，中国国内蕴藏着巨大的干劲和能量。如新加坡总理吴作栋并不认为中国的发展可以被遏止。巨人已然出瓶，再也塞不回去。即使没有外力帮助，中国国内的活力也足以使它发展壮大。

而西方对中国的不友善和遏制，激起了中国人强烈的民族主义情绪。这说明，中国民族主义的诱因不是中国国内的发展，而是外来刺激。尽管中国民间的新民族主义风起云涌，当政者却对此保持冷静。中国政府并不愿意看到国家的高速现代化受到任何外来因素的负面影响。当然，这便意味着政府要面对来自国内民族主义的压力。中国的民族主义是否无害，取决于中西间的关系，取决于西方是否能逐步接纳和适应中国的崛起。历史将证明，持续接触而不是遏制中国不仅可以缓和其民族主义，也将使中国更好地融入世界。

参考文献

中文

卞悟:《淮橘为枳，出局者迷》,《二十一世纪》1996 年 2 月号，第 4—17 页。

陈锋等:《中美大较量》(两卷本)，中国人事出版社 1996 年版。

陈峰君:《论东亚成功的综合要素：东亚经济民族主义》,《中国社会科学季刊》1996 年夏季号，第 88—99 页。

陈良潮:《大陆科技发展研究》，中华经济研究院 1993 年版。

陈瑞云:《现代中国政府》，吉林文史出版社

1988 年版。

陈少明：《民族主义：复兴之道？》，《东方》1996 年第 2 期，第 74—76 页。

陈文如：《银河号调查纪实》，《瞭望》1993 年第 37 期，第 4—5 页。

陈元：《我国经济的深层问题与选择》，内参，1991 年 3 月。

程明：《东亚模式的魅力》，《战略与管理》1994 年第 2 期，第 18—27 页。

楚树龙：《中美关系面临战略选择》，《现代国际关系》1996 年第 11 期，第 2—7 页。

崔之元：《制度创新与第二次思想解放》，《二十一世纪》1994 年 8 月号，第 5—15 页。

崔之元：《中国实践对新古典主义经济学的挑战》，《香港社会科学学报》1995 年 7 月专号，第 1—33 页。

崔之元：《鞍钢宪法与后福特主义》，《东方》1996（a）年第 3 期，第 11—21 页。

崔之元：《毛泽东“文革”理论的得失与“现代

性”的重建》,《香港社会科学学报》1996（b）年第7期，第49—74页。

邓小平:《精简军队，提高战斗力》,《邓小平文选》(第二卷)，人民出版社1994年版，第284—290页。

邓小平:《视察江苏等地回北京后的谈话》,《邓小平文选》(第三卷)，人民出版社1993（a）年版，第24—26页。

邓小平:《稳定世界局势的新办法》,《邓小平文选》(第三卷)，人民出版社1993（a）年版，第49—50页。

邓小平:《一个国家，两种制度》,《邓小平文选》(第三卷),人民出版社1993(a)年版,第58—61页。

邓小平:《在中央顾问委员会第三次全体会议上的讲话》,《邓小平文选》(第三卷)，人民出版社1993（a）年版，第83—93页。

邓小平:《目前的形势和任务》,《邓小平文选》(第二卷)，人民出版社1994年版，第224—258页。

邓小平:《和平和发展是当代世界的两大问题》,

《邓小平文选》(第三卷)，人民出版社 1993(a)年版，第 104—106 页。

邓小平：《在军委扩大会议上的讲话》，《邓小平文选》(第三卷)，人民出版社 1993（a）年版，第 126—129 页。

邓小平：《改革开放使中国真正活跃起来》，《邓小平文选》(第三卷)，人民出版社 1993（a）年版，第 232—235 页。

邓小平：《发展中美关系的原则立场》，《十一届三中全会以来重要文献选读》(第一卷)，人民出版社 1987 年版，第 264—268 页。

邓小平：《邓小平同志重要讲话》，人民出版社 1988 年版。

邓小平：《社会主义中国谁也动摇不了》，《邓小平文选》(第三卷)，人民出版社 1993（a）年版，第 328—329 页。

邓小平：《结束严峻的中美关系，要由美国采取主动》，《邓小平文选》(第三卷)，人民出版社 1993（a）年版，第 330—333 页。

邓小平：《坚持社会主义，防止和平演变》，《邓小平文选》（第三卷），人民出版社 1993（a）年版，第 344—346 页。

邓小平：《国家的主权和安全要始终放在第一位》，《邓小平文选》（第三卷），人民出版社 1993（a）年版，第 347—349 页。

邓小平：《中美关系终归要好起来才行》，《邓小平文选》（第三卷），人民出版社 1993（a）年版，第 350—351 页。

邓小平：《国际形势和经济问题》，《邓小平文选》（第三卷），人民出版社 1993（a）年版，第 353—356 页。

邓小平：《中国永远不允许别国干涉内政》，《邓小平文选》（第三卷），人民出版社 1993（a）年版，第 359—361 页。

邓小平：《善于利用时机解决发展问题》，《邓小平文选》（第三卷），人民出版社 1993（a）年版，第 363—365 页。

邓小平：《在武昌、深圳、上海等地的谈话要点》，

《邓小平文选》（第三卷），人民出版社 1993（a）年版，第 370—383 页。

邓小平：《邓小平关于新时期军队建设论述选编》，八一出版社 1993（b）年版。

邓英淘、苗壮、崔之元：《南街村经验的思考》，《战略与管理》1996 年第 3 期，第 14—24 页。

中国青年报思想理论部：《苏联巨变之后中国的现实应对与战略选择》，内参，1991 年 9 月 9 日。

狄昂照等：《国际竞争力》，改革出版社 1992 年版。

刁田丁等：《中国地方国家机构概要》，法律出版社 1989 年版。

丁金宏、罗祖德：《论我国区域经济发展与行政区划体制改革》，国务院发展研究中心，内参，1993 年。

董立文：《中共的全球战略与中国威胁论》，《中国大陆研究》1996 年第 9 期，第 27—46 页。

董秀玲：《综合国力理论研究综述》，《学术研究动态》1991 年第 9 期，第 2—5 页。

董正华：《民族主义与国家利益》，《战略与管理》

1994年第4期，第26—27页。

观察家:《谨防冷战思维抬头——驳遏制中国论》,《人民日报》1996年1月26日。

方生:《对外开放和利用资本主义》,《人民日报》(海外版)1992年2月23日。

甘阳:《江村经济再认识》,《东方》1994年第10期，第121—147页。

葛剑雄:《民族主义是救国灵丹?》,《亚洲周刊》1996年4月21日，第14页。

90年代中美德日印五国综合国力比较与预测课题组:《五国综合国力比较与预测》,《中国国情国力》1995年第3期，第43—44页。

顾德欣、黄琦:《国家实力的特性、评估与运用》,《战略与管理》1996年第5期，第57—65页。

何方:《世界格局与国际形势》,《世界经济与政治》1991年第11期，第3—7页。

何方:《下世纪初中国国际环境的若干思考》,《战略与管理》1995年第3期，第86—93页。

何高潮、罗金义:《知识的本质是开放的》,《香港社会科学学报》专号 1995 年 7 月号。

何新：《何新政治经济论文集》，黑龙江教育出版社 1993 年版。

何新：《中华复兴与世界未来》(两卷本)，四川人民出版社 1996 年版。

胡鞍钢：《省地级干部眼中的东西部差距》，《战略与管理》1994 年第 5 期，第 88—90 页。

胡鞍钢：《分税制：评价与建议》，《战略与管理》1996 年第 5 期，第 1—9 页。

胡伟：《中国发展的"比较优势"何在？——超越纯经济观点的分析》，《战略与管理》1995 年第 5 期，第 69—78 页。

黄硕风：《马年新春话国力》，《人民日报》1990 年 2 月 26 日。

黄硕风：《综合国力论》，中国社会科学出版社 1992 年版。

江凌飞：《美国对华遏制战略的制约因素和可能的走向》，《战略与管理》1996 年第 5 期，第 46—50 页。

江时学：《拉美、东亚发展模式的比较与启示》，

《战略与管理》1995 年第 5 期，第 58—68 页。

江泽民:《爱国主义和我国知识分子的使命》，《人民日报》1990 年 5 月 4 日，第 1—3 版。

江泽民:《在庆祝中国共产党成立七十周年大会上的讲话》,《人民日报》1991 年 7 月 2 日，第 1—3 版。

江泽民:《加快改革开放和现代化建设步伐，争取有中国特色社会主义事业的更大胜利》,《人民日报》1992 年 10 月 21 日。

江泽民:《领导干部一定要讲政治》,《人民日报》1996 年 1 月 17 日，第 1—2 版。

金帛:《驳“中国威胁论”》,《中国国防报》1996 年 1 月 5 日。

康晓光:《中国现代化的脉络与出路》,《战略与管理》1994 年第 1 期，第 10—12 页。

雷颐:《三十年代“新式独裁”与“民主政治”的论战》,《东方》1995 年第 3 期，第 26—30 页。

李建永:《挑战与机遇：一个引人注目的话题》,《战略与管理》1995 年第 6 期，第 23—25 页。

李慎之:《全球化时代中国人的使命》,《东方》

1994（a）年第5期，第13—18页。

李慎之：《从全球化时代看中国的现代化问题》，《战略与管理》1994（b）年第1期，第5—6页。

李慎之：《全球化与中国文化》，《太平洋学报》1994（c）年第2期，第3—11页。

李石生：《关于国际新秩序几个问题的讨论》，《世界经济与政治》1992年第10期，第43—44页。

李天然：《关于综合国力问题》，《国际问题研究》1990年第2期，第52—58页。

李文浩：《中美首脑会议将对世界未来产生重大影响》，《瞭望》1997年第43期，第45页。

李希光、刘康：《妖魔化中国背后》，中国社会科学出版社1997年版。

李泽厚、王德胜：《关于文化现状、道德重建的对话》（一）、（二），《东方》1994年第5、6期，第69—73、85—87页。

林毅夫、蔡昉、李周：《中国的奇迹：发展战略和经济改革》，三联出版社1994（a）年版。

林毅夫、蔡昉、李周：《对赶超战略的反思》，《战略与管理》1994（b）年第6期，第1—12页。

林毅夫、蔡昉、李周：《赶超战略的再反思及可供替代的比较优势战略》，《战略与管理》1995年第5期，第1—10页。

林毅夫、蔡昉、李周：《资源结构升级：赶超战略的误区——对“比较优势战略”批评的几点回应》，《战略与管理》1996年第1期，第35—45页。

零点调查公司等：《观察中国》，工商出版社1997年版。

刘靖华：《二十一世纪20—30年代中国崛起以及外交战略选择》，《战略与管理》1994年第3期，第119—120页。

刘军、李林（编）：《新权威主义》，经济学院出版社1989年版。

刘力群：《出口导向型经济发展模式不适合中国国情》，《战略与管理》1994年第2期，第43—46页。

刘心武：《确立人类共享文明观念》，《东方》1996年第6期，第21—25页。

刘云山：《把“爱国主义教育实施纲要”落到实

处》，《人民日报》1994 年 9 月 7 日，第 3 版。

罗荣渠：《走向现代化的中国道路：有关近八年中国大变革的一些理论问题》1996 年冬季卷，第 43—53 页。

Mahathir Mohamed：《东亚国家并不认为中国对安全构成威胁》，《联合早报》1996 年 12 月 5 日。

毛泽东：《论十大关系》，人民出版社 1976 年版。

闵琦：《中国政治文化》，云南人民出版社 1989 年版。

《明报》：《李鹏：承认美国实力，反对主导世界》，1998 年 2 月 5 日。

怒潮：《民情军心推动，北京保钓升温》，《亚洲周刊》1996 年 9 月 16—22 日，第 24—28 页。

潘晓：《人生的意义究竟是什么？》，《七十年代》1981 年第 1 期，第 82—85 页。

庞朴：《“文明”界说》，《战略与管理》1996 年第 4 期，第 92—95 页。

皮明勇：《民族主义与儒家文化》，《战略与管理》1996 年第 2 期，第 51—57 页。

新华社政治编辑室（编）:《十四大会内会外》，华龄出版社 1992 年版。

中共中央宣传部文化艺术局影视处（编）:《河殇的误区——从河殇到五四》，江西人民出版社 1990 年版。

钱其琛:《1993：世界开始重新认识中国》,《人民日报》1993 年 12 月 5 日。

秦晖:《关于"新野蛮政府论"与文明政府之路——与盛洪先生商榷》,《战略与管理》1996（a）年第 4 期，第 96—101 页。

秦晖:《自由主义与民族主义的契合点在哪里？》,《东方》1996（b）年第 3 期，第 45—48 页。

综合国力比较研究课题组:《对中国综合国力的测度和一般分析》,《中国社会科学》1995 年第 5 期，第 4—19 页。

《人民日报》1979 年 5 月 18 日。

《人民日报》1980 年 6 月 10 日。

《人民日报》1988 年 1 月 30 日。

《人民日报》1990 年 2 月 26 日。

《人民日报》1991 年 7 月 2 日。

《人民日报》:《爱国主义教育实施纲要》,1994(a)年 9 月 6 日，第 3 版。

《人民日报》:《中国发展有利于世界和平与进步——驳“中国威胁论”》1995 年 12 月 22 日，第 1 版。

荣敬本:《建立国际政治经济新秩序是解决民族问题的根本途径》,《战略与管理》1994 年第 3 期，第 2—6 页。

沈骥如:《中国不当“不先生”》，今日中国出版社 1998 年版。

沈立人、戴园晨:《我国“诸侯经济”的形成及其弊端和根源》,《经济研究》1990 年第 3 期，第 10—20 页。

沈明室:《改革开放后的解放军》，慧众文化出版社 1995 年版。

盛洪:《什么是文明?》,《战略与管理》1995 年第 5 期，第 88—98 页。

盛洪:《从民族主义到天下主义》,《战略与管理》1996（a）年第 1 期，第 14—19 页。

盛洪:《经济学怎样挑战历史》,《东方》1996(b)年第1期,第49—55页。

施鲁佳:《共谱中美关系的新篇章》,《瞭望》1997年第45期,第43页。

时殷弘:《国际政治的世纪性规律以及对中国的启示》,《战略与管理》1995年第5期,第1—3页。

时殷弘:《西方对非西方:当今美国对华态度的根本原因》,《战略与管理》1996(b)年第3期,第8—9页。

石中:《中国现代化面临的挑战》,《战略与管理》1994年第1期,第7—9页。

石中:《不应把比较优势的逻辑推向极端》,《战略与管理》1996年第2期,第98—100页。

宋强、张藏藏、乔边:《中国可以说不》,中国工商出版社1996年版。

国家科学技术委员会:《中国科学技术政策指南》(1-5卷),科学技术文献出版社1986、1992年版。

孙立平:《汇入世界主流文明——民族主义三题》,《东方》1996(a)年第1期,第15—19页。

孙立平：《〈什么是文明〉的演绎逻辑与讨论语境》，《战略与管理》1996(b)年第2期，第87—93页。

孙中山：《孙中山全集》(第九卷)，中华书局1986年版。

唐天日：《中美日三角必须平衡》，《瞭望》1996年第23期，第44页。

天元(编)：《日本新阴谋》，明镜出版社1997年版。

《大公报》：《中华人民共和国国民经济和社会发展"九五"计划和2010年远景目标的纲要》1996年3月20日。

汪晖：《文化批判理论与当代中国民族主义问题》，《战略与管理》1994年第4期，第17—20页。

王建、裴小林：《我国的产业结构外贸发展战略》，《对外经贸研究》1988年第1期，第20—28页。

王缉思：《文明与国际政治：中国学者评亨廷顿的文明冲突论》，上海人民出版社1995年版。

王铭铭：《文化想象的力量——读萨伊德著〈东方学〉》，《中国书评》卷6(1995年7月)，第5—

18页。

王绍光:《建立一个强有力的民主国家》,《当代中国研究中心论文》第4期(1991年2月)。

王绍光:《分权的底线》,《战略与管理》1995年2月,第37—56页。

王绍光、胡鞍钢:《中国国家能力报告》,辽宁人民出版社1993年版。

王颖:《新集体主义与中国特色的市场经济》,《二十一世纪》1994年第25期,第11—14页。

卫大匡、高梁:《投资海外,带动出口——对“国际大循环”经济战略构想的补充》,《经济日报》1988年1月19日。

兀索苇:《大陆新左派思潮及其兴起》,《联合报》(台湾)1996年9月8日,第9版。

未羊:《日本向何处去》,《瞭望》1996年第45期,第45页。

吴国光:《围堵邓后中国》,《中国时报周刊》第193期(1995年9月10—16日),第8—9页。

吴国光、郑永年:《论中央地方关系》,牛津大学出版社 1995 年版。

吴稼祥、张炳九：《激进民主还是稳健民主？》，载刘军、李林编：《新权威主义》，经济学院出版社 1989 年版，第 27—33 页。

吴炯：《评美国"全面遏制中国"论》，《现代国际关系》1996 年第 11 期，第 8—11 页。

吴越涛、张海洋：《外资能否吞并中国——中国民族产业向何处去》，企业管理出版社 1997 年版。

席来旺：《美国对日安全战略的重大调整》，《现代国际关系》1996 年第 6 期，第 7—9 页。

萧功秦：《论当代中国浪漫改革观：对"制度决定论"的批评》，《知识分子》1989 年，第 69—72 页。

萧功秦：《走向成熟：对当代中国政治改革的反省与展望》，《北京青年报》1993 年 5 月 13 日，第 3 版。

萧功秦：《东亚权威政治与现代化》，《战略与管理》1994（a）年第 2 期，第 28—34 页。

萧功秦：《民族主义与中国转型时期的意识形态》，《战略与管理》1994（b）年第 4 期，第 21—25 页。英文翻译版见 Chinese Economic Studies, 28: 2 (March–

April 1995: 15–31)。

萧功秦：《中国民族主义的历史与前景》，《战略与管理》1996（a）年第2期，第58—62页。

萧功秦：《思考中国变革中的激进主义》，《明报》1996（b）12月9日。

萧功秦、朱伟：《痛苦的两难选择：关于“新权威主义”理论的答问录》，《文汇报》1989年1月17日。

谢益显编：《当代中国外交史》，中国青年出版社1997年版。

邢世忠：《“中国威胁论”可以休矣》，《求是》1996年第3期，第16—20页。

许纪霖：《反西方主义与民族主义》，载许纪霖：《寻求意义：现代化变迁与文化批判》，三联书店1997年版，第290—297页。

徐信、方知：《到底谁威胁谁》，《瞭望》1996年第8–9期，第48—49页。

徐友渔：《是经济学挑战历史，还是逻辑代替经验事实》，《战略与管理》1996年第2期，第94—97页。

《亚洲周刊》1994年9月18日。

《亚洲周刊》1996（a）年8月4日。

《亚洲周刊》1996（b）年9月16—22日。

《亚洲周刊》1996（c）年9月30日–10月13日。

《亚洲周刊》1996（d）年10月7—13日

《亚洲周刊》1996（e）年10月14—20日。

颜长江：《广东大裂变》，暨南大学出版社1993年版。

阎学通：《中国崛起的可能选择》，《战略与管理》1995年第6期，第11—14页。

阎学通：《中国安全战略的发展趋势》，《瞭望》1996（a）年第8–9期，第51—52页。

阎学通：《国家利益的判断》，《战略与管理》1996（b）年第3期，第35—44页。

阎学通：《中国国家利益分析》，天津人民出版社1996（c）年版。

阎学通：《中国崛起的国际环境评估》，《战略与管理》1997（b）年第1期，第17—25页。

杨伯江：《日美安全保障联合宣言》，《现代国际关系》1996年第6期，第2—6页。

尹保云:《集权官僚制的现代化道路：韩国发展经验探索》,《战略与管理》1994 年第 2 期，第 35—42 页。

张伯里:《论综合国力要素》,《世界经济与政治》1989 年第 12 期，第 7—15 页。

张国成:《日本宪法面临考验》,《人民日报》1996 年 4 月 23 日，第 6 版。

张宽:《欧美人眼中的“非我族类”》,《读书》1993 年第 9 期，第 3—9 页。

张宽:《再谈萨伊德》,《读书》1994 年第 10 期，第 8—14 页。

张曙光:《国家能力与制度变革和社会转型》,《中国书评》1995 年第 3 期，第 5—22 页。

张雅君:《中国对美国的战略思维与行动：围堵与反围堵》,《中国大陆研究》卷 40 : 5（1997 年 5 月），第 19—35 页。

赵军:《“天下为公”与世纪之交的中国民族主义》,《战略与管理》1996 年第 1 期，第 1—3 页。

赵紫阳:《沿着有中国特色的社会主义道路前

进》,《人民日报》1987 年 11 月 4 日，第 1—4 版。

郑永年：《后冷战时期东南亚权力格局与中国角色》,《当代中国研究》1996 年第 2 期，第 48—62 页。

钟财编：《中共中央关于制定国民经济和社会发展“九五”计划和 2010 年远景目标的建议》，人民出版社 1995 年版。

周光召：《论持续发展战略》,《求是》1995 年第 12 期，第 7—11 页。

周琪：《冷战后中美关系现状：共同利益与政治》,《东方》1995 年第 6 期，第 73—77 页。

周小川：《外贸体制改革的探讨》，中国展望出版社 1990 年版。

朱镕基：《中国为缓解亚洲经济危机做出“牺牲”》,《联合早报》1998 年 4 月 7 日。

宗蓝海：《中共议定国际头号敌人》,《争鸣》1994 年 1 月号，第 16—18 页。

英文

Anderson, Benedict. *Imagined Communities: Reflections on the Origins and Spread of Nationalism*, London, Verso, 1991.

Averill, Stephen C., "The New Life in Action: The Nationalist Government in South Jiangxi", *China Quarterly*, 88 (December 1981): 594-828.

Barme, Geremie R., "To Screw Forigners Is Patriotic: China's Avaant-Farde Nationalists", in Jonathan Unger (ed.), *China's Nationalism*, Armond, NY, M. E. Sharp, 1996: 183-208.

Bernstein, Richard & Ross H. Munro, *The Coming Conflict with China*, NY, Knopf, 1997.

Bosworth, Stephen W., "The United States and Asia", *Foreign Affairs*, 72, 5 (November/December 1993): 59-85.

Breuilly, J., *Nationalism and the State*, Manchester University Press, 1982.

Brewer, Anthony, *Marxist Theories of Imperialism: A Critical Survey*, London, Routledge, 1980.

Brown, Michael E., Sean M. Lynn-Jones & Steven E. Miller (eds), *East Asian Security*, Cambridge, MA, MIT Press, 1997.

Buzan, Barry & Gerald Segal, "Rethinking East Asian Security", *Survival*, 36, 2 (Summer 1994): 3-21.

Catley, Bob & Makmur Keliat, *Spratlys: The Dispute in the South China Sea*, Aldershot, Ashgate Publishing Limited, 1997.

The China Quarterly, "Greater China", special issue 136 (1993).

The China Quarterly, "China's Military in Transition", special issue 146 (June 1996).

Chou, Yu-sen, "Nationalism ad Patriotism in China", *Issues and Studies*, 32, 11 (November 1996): 67-86.

Christensen, Thomas J., "Chinese Realpolitik", *Foreign Affairs*, 75, 5 (September/October 1996): 37-52.

Cline, Ray S., *The Power of Nations in the 1990s: A*

Strategic Assessment, Lanham, Maryland, University of American Press, 1994.

Clinton, Bill, "Advance the Common Interest in a More Open China", *International Herald Tribune* (June 1, 1994): 8.

Cohen, Paul A., *Between Tradition and Modernity: Wang T'ao and Reform in Late Ch'ing China*, Cambridge, MA, Harvard University Press, 1974.

Cohen, Paul A., *Discovering History in China: American Historical Writing on the Recent Chinese Past*, NY, Columbia University Press, 1984.

Cohen, Paul A., "Post-Mao Reform in Historical Perspective", *The Journal of Asian Studies*, 47, 3 (1988): 519-41.

Connor, Walker, "Nation-Building or Nation-Destroying?", *World Politics*, 24 (April 1972): 319-55.

Crowe, William J. Jr. & Alan D. Romberg, "Rethinking Security in the Pacific", *Foreign Affairs*, 70: 2 (Spring 1991): 123-40.

Cumings, Bruce, "The World Shakes China", *The National Interest*, 43 (Spring 1996): 20-7.

Curtis, Gerald L. (ed.), *The United States, Japan, and Asia: Challenge for U.S. Policy*, NY, W. W. Norton & Company, Inc., 1994.

Deutsch, Karl W. et al., *Political Community in the North Atlantic Area: International Organization in the Light of Historical Experience*, Princeton, NJ, Princeton University Press, 1957.

Dikotter, Frank, *The Discourse of Race in Modern China*, Stanford, CA, Stanford University Press, 1992.

Dittmer, Lowell & Samuel S. Kim, "Wither China's Quest for National Identity?", in *China's Quest for National Identity*, Ithaca, NY, Cornell University Press, 1993: 237-90.

Dogan, M. & D. Pelassy, *How to Compare Nations: Strategies in Comparative Politics*, Catham, NJ, Chatham House, 1984.

Doyle, Michael, "Kant, Liberal Legacies, and Foreign Affairs", Part I and II, *Philosophy and Public Affairs*, 12, 3-4 (1983): 205-35, 323-53.

Doyle, Michael, "Liberalism and World Politics", *American Political Science Review*, 80, 4 (1986): 1151-61.

Dreyer, June Teufel, *China's Forty Millions: Minority Nationalities and National Integration in the People's Republic of China*, Cambridge, MA, Harvard University Press, 1976.

Dreyer, June Teufel, "The PLA and Regionalism in Xinjiang", *The Pacific Review*, 7, 1 (1994): 41-56.

Duara, Prasenjit, "De-Constructing the Chinese Nation", in Jonathan Unger (ed.), *Chinese Nationalism, Armonk*, NY, M. E. Sharpe, 1996: 31-55.

Dzurek, Daniel J., *The Spratly Islands Dispute: Who's On First?*, Maritime Briefing, vol. 2, no. 2, International Boundaries Research Unit, University of Durham, UK, 1996.

The Economist, "A Survey of China" (November

28, 1992): 1-18.

The Economist, "Containing China" (July 31, 1995): 11-12.

The Economist, November 23, 1996.

The Economist, "American's Does of Sinophobia" (March 29, 1997a): 29-30.

The Economist, "How American See China" (October 25, 1997b): 22.

Evans, Peter B., Harold K. Jacobson & Robert D. Putnam (eds.), *Double-Edged Diplomacy: International Bargaining and Domestic Politics*, Berkeley, CA, University of California Press, 1993.

Fairbank, John King (ed.), *The Chinese World Order: Traditional China's Foreign Relations*, Cambridge MA, Harvard University Press, 1968.

Fitzgerald, John, "The Nationless State: The Search for a Nation in Modern Chinese Nationalism", in Jonathan Unger (ed.), *Chinese Nationalism*, NY, M. E. Sharpe, 1996: 56-85.

Friedberg, Aaron L., "Ripe for Rivalry: Prospects for Peace in a Multipolar Asia", *International Security*, 18, 3 (Winter 1993/1994): 5-33.

Friedman, Edward, *National Identity and Democratic Prospects in Socialist China*, Armond, NY, M. E. Sharpe, 1995.

Friedman, Edward, "Chinese Nationalism, Taiwan Autonomy and the Prospects of a Larger War," *Journal of Contemporary China*, 6, 14 (1997): 5-32.

Friedman, Milton, *Friedman in China* (in Chinese), Hong Kong, The Chinese University of Hong Kong Press, 1991.

Friend, Theodore, *The Blue-Eyed Enemy: Japan Against the West in Java and Luzon, 1942-1945*, Princeton, NJ, Princeton University Press, 1988.

Fukuyama, Francis, "The End of History?", *The National Interest*, 16 (Summer 1989): 3-18.

Gallagher, Michael G., "China's Illusory Threat to the South China Sea", *International Security*, 19, 1

(Summer 1994): 169-94.

Garnaut, Ross & Guonan Ma, "How Rich Is China?", *Australian Journal of Chinese Affairs*, 30 (1993): 121-47.

Gellner, Ernest, *Nations and Nationalism*, Ithaca, NY, Cornell University Press, 1983.

Gilpin, Robert, *War and Change in World Politics*, NY, Cambridge University Press, 1981.

Gladney, Dru C., *Muslim Chinese: Ethnic Nationalism in the People's Republic*, Cambridge, MA, Harvard University Press, 1991.

Gladney, Dru C., "China's Ethnic Reawakening", *Asia Pacific Issues*, Analysis from the East-West Center, 18 (January 1995).

Goh Chok Tong, "Global Economic Trends and Development: The China Factor in the World Economy", keynote address at the Asia Society International Corporate Conference in Beijing on May 13, 1995, press release by Singapore's Ministry of Information and the

Art, Release no. 14, May 1995.

Goldman, Merle, *Sowing the Seeds of Democracy in China: Political Reform in the Deng Xiaoping Era*, Cambridge, MA, Harvard University Press, 1994.

Goldman, Merle, Perry Link & Su Wei, "China's Intellectuals in the Deng Era: Loss of Identity with the State", in Lowell Dittmer & Samuel Kim (eds), *China's Quest for National Identity*, Ithaca, NY, Cornell University Press, 1993: 125-53.

Goodman, David, "The PLA and Regionalism in Guangdong", *The Pacific Review*, 7, 1 (1994): 29-40.

Goodman, David & Gerald Segal (eds.), *China Deconstructs*, London, Routledge, 1994.

Gourevitch, Peter, *Politics in Hard Time: Comparative Responses to International Economic Crisis*, Ithaca, NY, Cornell University Press, 1986.

Greenfield, Jeanette, *China's Practice in the Law of the Sea*, Oxford, Clarendon Press, 1992.

Guilbernau, Montserrat, *Nationalism: The Na-*

tion-State and Nationalism in the Twentieth Century, Cambridge, Polity Press, 1996.

Haas, Ernest B., *The Uniting of Europe: Political, Social, and Economic Forces, 1950-1957*, Stanford, CA, Stanford University Press, 1958.

Hamrin, Lee Carol, *China and the Challenge of the Future: Changing Political Patterns*, Boulder, CO, Westview Press, 1990.

Harding, Harry, *China's Second Revolution: Reform after Mao*, Washington, DC, Brookings Institution, 1987.

Harrison, James, *Modern Chinese Nationalism*, NY, Research Institute on Modern Asia, Hunter College of the City of New York, no date.

Harrison, Selig S., *The Widening Gulf: Asian Nationalism and American Policy*, NY, The Free Press, 1978.

The Heritage Foundation, "China Should Adhere to Rules of the Road", *Backgrounder*, 243 (March 29 1995).

Hinsley, F. H., *Nationalism and the International System*, London, Hodder & Stoughton, 1973.

Hirschman, Albert O., *Exit, Voice, and Loyalty: Responses to Decline in Firms, Organizations, and States*, Cambridge, MA, Harvard University Press, 1970.

Hobsbawn, Eric & Terrance Ranger, *The Invention of Tradition*, Cambridge, Cambridge University Press, 1983.

Hsiao, Kung-chuan, *A History of Chinese Political Thought*, translated by F. W. Mote, vol. 1, Princeton, NJ, Princeton University Press, 1979.

Hsu, Immanuel C. Y., *China's Entrances into the Family of Nations: The Diplomatic Phase, 1858-1880*, Cambridge, MA, Harvard University Press, 1960.

Huang Yasheng, "Why China Will Not Collapse", *Foreign Policy*, 99 (Summer 1995): 54-68.

Huang Yasheng, *Inflation and Investment Control in China: The Political Economy of Central- Local Relations During the Reform Era*, NY, Cambridge University

Press, 1996.

Hunt, Michael H., "Chinese National Identity and the Strong State: The Late Qing-Republican Crisis", in Lowell Dittmer & Samuel S. Kin (eds), *Chinese Quest for National Identity*, Ithaca, NY, Cornell University Press, 1993: 62-79.

Huntington, Samuel P., "The Clash of Civilization?", *Foreign Affairs*, 72, 3 (Summer 1993): 22-49.

Huntington, Samuel P., "Political Conflict after the Cold War," in Arthur Melzer (ed.), *History and the Idea of Progress*, Ithaca, NY, Cornell University Press, 1995: 137-54.

Iriye, Akira, *China and Japan in Global Setting*, Cambridge, MA, Harvard University Press, 1992.

Jansen, Marius B., *Japan and China: From War to Peace, 1894-1972*, Chicago, Rand McNally Publishing Company, 1975.

Joffe, Ellis, "The PLA and the Chinese Economy: the Impact on Involvement", *Survival*, 37, 2 (Summer

1995): 24-43.

Joffe, Ellis, “Regionalism in China: the Role of the PLA”, *The Pacific Review*, 7, 1 (1994): 17-28.

Johnson, Chalmers A., *Peasant Nationalism and Communist Power: The Emergence of Revolutionary China, 1937-1945*, Stanford, CA, Stanford University Press, 1962.

Johnston, Alastair Iain, *Cultural Realism: Strategic Culture and Grand Strategy in Chinese History*, Princeton, NJ, Princeton University Press, 1995.

Johnston, Alastair Iain, “Cultural Realism and Strategy in Maoist China”, in Peter J. Katzenstein (ed.), *The Culture of National Security: Norms and Identity in World Politics*, NY, Columbia University Press, 1996: 216-68.

Karmel, Solomon M., “Ethnic Tension and the Struggle for Order: China’s Policies in Tibet”, *Pacific Affairs*, 68, 4 (Winter 1995-96): 485-508.

Katzenstein, Peter J., “International Relations and

Domestic Structures: Foreign Economic Policies of Advanced Industrial States", *International Organization*, 30 (Winter 1976): 1-45.

Katzenstein, Peter J., *Small States in World Politics: Industrial Policy in Europe*, Ithaca, NY, Cornell University Press, 1985.

Katzenstein, Peter J. (ed.), *The Culture of National Security*, NY, Columbia University Press, 1996a.

Katzenstein, Peter J., *Cultural Norms and National Security: Police and Military in Post War Japan*, Ithaca, NY, Cornell University Press, 1996b.

Kellas, James, *The Politics of Nationalism and Ethnicity*, London, Macmilan, 1991.

Kennedy, Paul, *The Rise and Fall of the Great Powers: Economic Change and Military Conflict from 1500 to 2000*, NY, Random House, 1987.

Keohane, Robert O. & Joseph S. Nye, *Power and Interdependence*, Boston, Little & Brown, 1977.

Kim, Samuel S., "China and the World in Theory

and Practice", in Kim (ed.), *China and the World: Chinese Foreign Relations in the Post-Cold War Era*, 3rd edition, Boulder, CO, Westview Press, 1994: 3-41.

Kissinger, Henry, "Four Proposals to Get the United States and China off their Collision Course", *International Herald Tribute* (July 24, 1995): 9.

Klotz, Audie, *Norms in International Relations: The Struggle against Apartheid*, Ithaca, NY, Cornell University Press, 1995.

Kornberg, Judith F., "Comprehensive Engagement: New Framework for Sino-American Relations", *The Journal of East Asian Affairs*, 4, 1 (Winter/Spring 1996): 18-23.

Kowert, Paul & Jeffrey Legro, "Norms, Identity, and Their Limits: A Theoretical Reprise", in Peter J. Katzenstein (ed.), *The Culture of National Security: Norms and Identity in World Politics*, NY, Columbia University Press, 1996: 451-97.

Krasner, Stephen D., *Defending the National Inter-*

est: Raw Material Investment and U.S. Foreign Policy, Princeton, NJ, Princeton University Press, 1978.

Krauthammer, Charles, "Why We Must Contain China", *Time*, 146, 5 (July 31, 1995): 72.

Kristof, Nicholas D., "The Rise of China", *Foreign Affairs*, 72, 5 (November/December 1993): 59-73.

Kuhn, Philip A., "Local Self-Government under the Republic: Problems of Control, Autonomy, and Modernization", in Frederic Wakeman, Jr. & Carolyn Grant (eds.), *Conflict and Control in Late Imperial China*, Berkeley, CA, University of California Press, 1975: 257-98.

Kumar, Anjali, "China's Reform, Internal Trade and Marketing", *The Pacific Review*, 7, 3 (1994): 323-40.

Kurth, James, "America's Grand Strategy: A Pattern of History", *The National Interest*, 43 (Spring 1996): 3-19.

Lardy, Nicholas R., *Foreign Trade and Economic Reform in China, 1978-1990*, Cambridge, Cambridge

University Press, 1992.

Lardy, Nicholas R., *China in the World Economy*, Washington, DC, Institute for International Economy, 1994.

Layne, Christopher, "The Unipolar Illusion: Why New Great Powers Will Rise", *International Security*, 17, 4 (Spring 1993): 5-51.

Lee, Peter, N. S., *Industrial Mangement and Economic Reform in China, 1949-1984*, Hong Kong, Oxford University Press, 1987.

Lee Siew Hua, "China Will Be 'More Democratic over Time'", *The Straits Times*, Singapore (January 30, 1997): 1.

Levenson, Joseph L., *Modern China and Its Confucian Past: The Problem of Intellectual Continuity*, NY, Anchor Books, 1964.

Levenson, Joseph L., *Liang Ch'I Ch'ao and the Mind of Modern China*, Berkeley, CA, University of California Press, 1970.

Levine, Steven I., “China in Asia: The PRC as a Regional Power”, in Harry Harding (ed.), *China's Foreign Relations in the 1980s*, New Haven, Yale University Press, 1984: 107-45.

Liao, Kuang-sheng, *Anti-foreignism and Modernization in China, 1860-1980*, Hong Kong, The Chinese University Press, 1984.

Lieberthal, Kenneth, “Domestic Politics and Foreign Policy”, in Harry Harding (ed.), *China's Foreign Relations in the 1980s*. New Haven, Yale University Press, 1984: 43-70.

Lieberthal, Kenneth, “Domestic Forces and Sino-U.S. Relations”, in Ezra F. Vogel (ed.), *Living With China: U.S.-China Relations in the Twenty-First Century*, NY, W. W. Norton & Company, 1997: 254-76.

Lin Bih-jaw & Li-min Fan (eds.), *Education in Mainland China: Review and Evaluation*, Taipei, Institute of International Relations, 1990.

Lin, Chong-Pin, *China's Nuclear Weapons Strategy:*

Transition within Evolution, Lexington, MA, Lexington Books, 1988.

Lin, Chong-Pin, "The Role of the PLA in China's Center-Regional Interactions", paper presented at the Conference on "Regulating Decentralization and System Alternation in China", sponsored by the Center for Contemporary China Studies, Princeton University, October 22, 1994.

Lin, Yu-sheng, *The Crisis of Chinese Consciousness*, Madison, The University of Wisconsin Press, 1979.

Liu, Alan P. L., *How China Is Ruled*, Englewood Cliffs, NJ, Prentice-Hall, Inc., 1986.

Liu, Ji, "Making the Right Choices in Twenty-First Century Sino-American Relations", speech delivered at the Fairbank Center for East Asian Research, Harvard University, May 27, 1997.

Lo, Chi-kin, *China's Policy Towards Territorial Disputes: The Case of the South China Sea Islands*, London: Routledge, 1989.

Mark, Andrew, “Key Issues in the Asia-Pacific”, in Richard Leaver & James L. Richardson (des.), *The Post-Cold War Order: Diagnoses and Prognoses*, Allen & Unwin, 1993: 147-59.

Mackerras, Colin, *China's Minorities: Integration and Modernization in the Twentieth Century*, Hong Kong, Oxford University Press, 1994.

Mancall, Mark, *China at the Center: 300 Years of Foreign Policy*, NY, Free Press. 1984.

Mao Zedong, “The Role of the Chinese Communist Party in the National War”, in Mao, *Selected Works of Mao Tse Tung*, vol. II, Beijing, Foreign Languages Press, 1975: 195-211.

Marland, Bryce, “China Isn't a Military Power”, *International Herald Tribune*, November 15, 1996: 8.

Mayall, James, *Nationalism and International Society*, Cambridge, Cambridge University Press, 1991.

Mccord Edward Allen, *The Power of Gun*, Berkeley, CA, University of California Press, 1993.

Mcmillen, Donald H., "The PLA and Regionalism in Hong Kong", *The Pacific Review*, 7, 1 (1994): 57-66.

Mearsheimer, John J., "Back to the Future: Instability in Europe After the Cold War", *International Security*, 15, 1 (Summer 1990): 5-56.

Mearsheimer, John J., "The False Promise of International Institutions", *International Security*, 19: 3 (Winter 1994-95): 5-49.

Mercer, Jonathan, "Anarchy and Identity", *International Security*, 49, 2 (Spring 1995): 229-52.

Metzger, Thomas A. & Ramon H. Myers (eds.), *Greater China and U.S. Foreign Policy*, Stanford, CA, Hoover Institution Press, 1996.

Mommsen, Wolfgang J., *Theories of Imperialism*, translated by P. S. Falla, Chicago, The University of Chicago Press, 1977.

Mongenthau, Hans J., "The Paradoxes of Nationalism", *Yale Review*, xlvi, 4 (June 1957): 481.

Mongenthau, Hans J., *Politics among Nations: The*

Struggle for Power and Peace, 5th edition, NY, Knopf, 1973.

Munck, Ronaldo, *The Difficult Dialogue: Marxism and Nationalism*, London, Zed Books Ltd, 1986.

Munro, Ross H., "Awakening Dragon: The Real Danger in Asia Is from China", *Policy Review*, 62 (Fall 1992): 10-16.

Nathan, Andrew, *Chinese Democracy*, NY, Alfred A. Knopf, 1985.

Nye, Joseph S. Jr., "The Case for Deep Engagement", *Foreign Affairs*, 74, 4 (1995): 90-102.

Oi, Jean C., "Fiscal Reform and the Economic Foundation of Local State Corporatism in China", *World Politics*, 45 (October 1993): 99-126.

Oi, Jean C., *Rural China Takes Off: Incentives for Industrialization*, Berkeley, CA, University of California Press, 1996.

Ojha, Ishwer C., *Chinese Foreign Policy in an Age of Transition: The Diplomacy of Cultural Despair*, Boston, Beacon Press, 1971

Oksenberg, Michel, "China's Confident Nationalism", *Foreign Affairs*, 65, 3 (1986-87): 501-23.

Overholt, William H., "Asia and America in Clinton's Second Term: A New Cold War?", *Bankers Trust Research*, Hong Kong, April 21, 1997.

Owen, John M., "How Liberalism Produces Democratic Peace", *International Security*, 19, 2 (1994): 87-125.

Oxnam, Robert B., "Asia-Pacific Challenges", *Foreign Affairs*, 72, 1 (1993): 58-73.

Petracca, Mark P. & Mong Xiong, "The Concept of Chinese Neo-Authoritarianism: An Exploration and Democratic Critique", *Asian Survey*, xxx, 11 (November 1990): 1099-117.

Putnam, Robert D., "Diplomacy and Domestic Politics: the Logic of Two-Level Games", *International Organization*, 42, 3 (Summer 1988): 427-60.

Pye, Lucian, "China: Erratic State, Frustrated Society", *Foreign Affairs*, 69, 4 (Fall 1990): 56-74.

Pye, Lucian, "How China's Nationalism Was Shanghaied?", in Jonathan Unger (ed.), *Chinese Nationalism*, Armonk, NY, M. E. Sharpe, 1996: 86-112.

Rankin, Mary, *Early Chinese Revolutionaries: Radical Intellectuals in Shanghai and Chekiang, 1902-1911*, Cambridge, MA, Harvard University Press, 1971.

Rielly, John E., *American Public Opinion and U.S. Foreign Policy, 1995*, Chicago, Chicago Council on Foreign Relations, 1995.

Qian Qichen's talk in the first conference of the ASEAN Forum, *RMRB* (overseas edition), 26 July 1994b.

Robinson, Thomas W. & David Shambaugh (eds.), *Chinese Foreign Policy: Theory and Practice*, Oxford University Press, 1995.

Rosen, Stanley & Gary Zou (eds.), "The Chinese Debates on the New Authoritarianism, I, II, III, and IV", in *Chinese Sociology and Anthropology*, Winter 1990-91,

Spring, Summer, and Fall 1999.

Rosenau, James, *Linkage Politics: Essays on the Convergence of National and International System*, NY, Free Press, 1969.

Ross, Robert S., “Beijing as a Conservative Power”, *Foreign Affairs*, 76, 2 (March/April 1997a): 35-44.

Ross, Robert S., “Why Our Hardliners Are Wrong”, *The National Interest*, 49 (Fall 1997b): 42-51.

Rousseau, Jean-Jacques, *Rousseau: Political Writings*, Frederick Watkins (editor/translator), Edinburg, Nelson, 1953.

Roy, Denny, “Hegemon on the Horizon? China’s Threat to East Asian Security”, *International Security*, 19, 1 (Summer 1994): 149-68.

Roy, Denny, “Assessing the Asian-Pacific ‘Power Vacuum’”, *Survival*, 37, 3 (Autumn 1995): 45-60.

Roy, Denny, “The ‘China Threat’ Issue: Major Arguments”, *Asian Survey*, xxxvi, 8 (August 1996): 758-71.

Rozman, Gilbert, *The Chinese Debate about Soviet Socialism, 1978-1985*, Princeton, NJ, Princeton University Press, 1984.

Russett, Bruce, *Grasping the Democratic Peace: Principles for a Post-Cold War World*, Princeton, NJ, Princeton University Press, 1993.

Said, Edward W., *Orientalism*, NY, Vintage Book, 1979.

Schrecker, John E., *Imperialism and Chinese Nationalism: Germany in Shantung*, Cambridge, MA, Harvard University Press, 1971.

Schurmann, Franz, *Ideologies and Organization in Communist China*, Berkeley, CA, University of California Press, 1968.

Schwartz, Benjamin, *In Search of Wealth and Power*, NY, Harper Torchbook, 1964.

Segal, Gerald, *China Changes Shape: Regionalism and Foreign Policy*, Adephi Paper 287, London, Brassey's For IISS, March 1994.

Segal, Gerald, "Tying China into the International System", *Survival*, 37, 2 (Summer 1995a): 6-73.

Segal, Gerald, "Rising Nationalism in China Worries the Japanese", *International Herald Tribune*, 28 (September 1995b): 10.

Segal, Gerald, "East Asia and the 'Containment' of China", *International Security*, 20, 4 (Spring 1996): 107-35.

Segal, Gerald & Richard Yang (eds.), *Chinese Economic Reform: the Impact on Security*, London, Routledge, 1996.

Shambaugh, David, *Beautiful Imperialism: China Perceives America, 1972-1990*, Princeton, NJ, Princeton University Press, 1991.

Shambaugh, David, "Growing Strong: China's Challenge to Asian Security", *Survival*, 36, 2 (Summer 1994): 43-59.

Shee, Poon Kim, "Is China a Threat to the Asia-Pacific Region?", in Wang Gungwu and John Wong (eds.),

China's Political Economy, World Scientific and Singapore University Press, 1998: 339-58.

Shi Yinhong, "Why Against China?" *BR* (October 21-27, 1996a): 11.

Shinn, James (ed.), *Weaving the Net: Conditional Engagement with China*, NY, Council on Foreign Relations Press, 1996.

Shirk, Susan, *The Political Logic of Economic Reform in China*, Berkeley, CA, University of California Press, 1993.

Shune, Vivienne, *The Reach of the State: Sketches of the Chinese Body Politic*, Stanford, CA, Stanford University Press, 1988.

Si Cheng, "Chinese Say 'No' to the United States", *BR* (October 21-27, 1996): 13.

Singh, Bilveer, "The Challenge of the Security Environment in South-east Asia in the Post-Cold War Era", *Australian Journal of International Affairs*, 47, 2 (October 1993): 263-77.

South China Morning Post, October 26, 1997.

South China Morning Post, March 3, 198.

Strand, David: "Political Participation and Political Reform in Post-Mao China (1985)", *Copenhagen Discussion Paper No. 6*, Center for East and Southeast Asian Studies, University of Copenhagen, 1989.

Sullivan, Roger W., "Discarding the China Card", *Foreign Policy*, (Spring 1992): 3-23.

Sun Wen (Sun Yat-sen), *Sanmin Chu I: The Three Principles of the People*, F. W. Prince (translator), Shanghai, China Committee, Institute of Pacific Relations, 1927.

Swaine, Michael, "Don't Demonize China: Rhetoric about its Military Might Doesn't Reflect Reality", *Washington Post* (May 18, 197), C1 and C4.

Swindler, Ann, "Culture in Action: Symbols and Strategies", *American Sociological Review*, 51, 2 (1986): 273-86.

Szporluk, Roman, *Communism and Nationalism:*

Karl Marx versus Friedich List, NY, Oxford University Press, 1988.

Talbot, Strobe, "Democracy and the National Interest", *Foreign Affairs*, 75, 6 (1996): 47-63.

Taylor, Bruce, "Regional Planning for Reciprocal Benefit in South China", in Kwan-yiu Wong et al. (eds.), *Perspectives on China's Modernization*, Hong Kong, The Chinese University of Hong Kong Press, 1990: 18-27.

Teng, Ssu-yu & John King Fairbank, *China's Response to the West: A Documentary Survey, 1839-1923*, Cambridge, MA, Harvard University Press, 1979.

Tilly, Charles (ed.), *The Formation of National States in Western Europe*, Princeton, NJ, Princeton University Press, 1975.

Vogel, Ezra F., *One Step Ahead in China: Guangdong under Reform*, Cambridge, MA, Harvard University Press, 1989.

Vogel, Ezra F. (ed.), *Living with China: U.S.-China Relations in the Twenty-First Century*, NY, W. W. Norton

& Company, 1997.

Walder, Andrew G., "Local Governments as Industrial Firms: An Organizational Analysis of China's Transitional Economy", *American Journal of Sociology*, 101, 2 (September 1995): 263-301.

Waldron, Authur N., "Representing China: The Great Wall and Cultural Nationalism in the Twentieth Century", in Harumi Befu (ed.), *Cultural Nationalism in East Asia: Representation and Identity*, Berkeley, Institute of East Asian Studies, University of California, 1993: 36-60.

Waldron, Authur N., "Theories of Nationalism and Historical Explanation", *World Politics*, xxxvii, 3 (April 1985): 416-31.

Waltz, Kenneth, *Theory of International Politics*, Reading, MA, Addison-Wesley, 1979.

Wang, David, "The East Turkestan Movement in Xinjiang: A Chinese Potential Source of Instability?", *EAI Background Brief* No. 7, East Asian Institute, National University of Singapore, January 31, 1998.

Wang Gungwu, *The Chinese Way: China's Position in International Relations*, Oslo, Scandinavian University Press, 1995.

Wang Gungwu, "National Choice", *Pacific Economic Paper No. 260*, Australia-Japan Research Center, Research School of Pacific and Asian Studies, The Australian National University, October 1996a.

Wang Gungwu, *The Revival of Chinese Nationalism*, Leiden, International Institute for Asian Studies, 1996b.

Wang Gungwu, *Nationalism and Confucianism*, Wu Teh Yao Memorial Lectures 1996, Singapore, National University of Singapore, UniPress, 1996c.

Wang Jisi, "US China Policy: Containment or Engagement?", *BR* (October 21-27, 1997): 6-8.

Wang Jisi, Shi Yinghong & Zhang Baijia, "Scholars Refute Book's Views on US-China Relations", *BR* (June 2-8, 1997): 8-12.

Wang Jianwei, *United States-China Mutual Images in the Post-Tiananmen Era: A Regression or Sophistication?* Ann Arbor, University of Michigan, Political Science Department, doctoral dissertation, 1994.

White, Gordon, “Developmental States and Socialist Industrialization in the Third World”, *Journal of Development Studies*, 21, 1 (1984): 97-120.

The White House, *Fact Sheet: Accomplishments of the U.S.-China Summit*, October 29, 1997.

Whiting, Allen S., “Assertive Nationalism in Chinese Foreign Policy”, *Asian Survey*, 23, 8 (1983): 913-33.

Whiting, Allen S., *China Eyes Japan*, Berkeley, CA, University of California Press, 1989.

Whiting, Allen S., “Chinese Nationalism and Foreign Policy After Deng”, *The China Quarterly*, 142 (1995): 295-316.

Whitney, Joseph B. R., *China: Area, Administration, and Nation Building*, Chicago, Department of Geography, The University of Chicago, 1970.

Wong, John, "*Xiao-Kang:* China's Concepts of Socio-Economic Development", *IEAPE Background Brief No. 101*, Singapore, September 14, 1996a.

Wong, John, "China's Economy in the 21st Century: An Asian Perspective", *JETRO China Newsletter*, 120 (Jan.-Feb. 1996b): 12-19.

Wu Guoguang, "Leadership, Power Structure, and Possible Policy Conflicts of the CCP after its 14th Congress", *Paper of the Center for Modern China*, 4, 27 (1993).

Xinhua English Newswire, "Policy on the Dalai Lama Remains Unchanged", September 5, 1997.

The Xinhua News Agency, "Youth Polled on Japan's Invasion of China", FBIS-CHI-97-032, February 16, 1997.

Xu Yimin et al., "The United States Must Correct Its Stance on Taiwan," *CD*, January 6, 1996 :4.

Yan Xuetong, "Containment Policy Harms all Interests", *CD*, June 9, 1994:4.

Yan Xuetong, "Sino-US Dialogue Cuts Misunderstanding", *CD* (November 8, 1997a): 4.

Yang, Richard et al. (eds.), *Chinese Regionalism: the Security Dimension*, Boulder, CO, Westview Press, 1994.

Young, Crawford, *The Politics of Cultural Pluralism*, Madison, University of Wisconsin Press, 1976.

Young, Ernest P., *The Presidency of Yuan Shih-K'ai: Liberalism and Dictatorship in Early Republic China*, Ann Arbor, University of Michigan Press, 1977.

Yu, Bin, "The Study of Chinese Foreign Policy: Problems and Prospect", *World Politics*, 46 (January 1994): 235-61.

Zang, Xiaowei, "The Fourteenth Central Committee of the CCP", *Asian Survey*, xxxiii, 8 (August 1993): 787-803.

Zhao, Shusheng, "Chinese Intellectuals' Quest for National Greatness and Nationalistic Writing in the

1990s", *The China Quarterly*, 152 (9 December 1997): 725-45.

Zheng, Yongnian, "Development and Democracy: Are They Compatible in China?", *Political Science Quarterly*, 109: 2 (Summer 1994a): 35-59.

Zheng, Yongnian, "Perforated Sovereignty: Provincial Dynamism and China's Foreign Trade", *The Pacific Review*, 7, 3 (1994b): 309-21.

Zheng, Yongnian, "Power and Agenda: Jiang Zemin's New Political Initiatives at the CCP's Fifteenth Congress", *Issues and Studies*, 33, 11 (November 1997): 35-57.

Zheng, Yongnian & Li Jinshan, "China's Politics after the Ninth National People's Congress: Power Realignment", *EAI Background Brief 11*, The East Asian Institute, National University of Singapore, March 1998.

Zwick, Peter, *National Communism*, Boulder, CO, Westview Press, 1983.

图书在版编目（CIP）数据

郑永年论中国：中国民族主义新解 / 郑永年 著 . — 北京：东方出版社，2019.10
ISBN 978-7-5207-1123-4

Ⅰ. ①郑…　Ⅱ . ①郑…　Ⅲ . ①民族主义—研究—中国—现代　Ⅳ . ① D092.5

中国版本图书馆 CIP 数据核字（2019）第 181994 号

郑永年论中国：中国民族主义新解
（ZHENG YONGNIAN LUN ZHONGGUO：ZHONGGUO MINZU ZHUYI XINJIE）

作　　者：郑永年
译　　者：陈纳慧
责任编辑：陈丽娜　李鹏飞
出　　版：东方出版社
发　　行：人民东方出版传媒有限公司
地　　址：北京市朝阳区西坝河北里 51 号
邮　　编：100028
印　　刷：北京汇瑞嘉合文化发展有限公司
版　　次：2019 年 10 月第 1 版
印　　次：2019 年 10 月第 1 次印刷
开　　本：787 毫米 ×1092 毫米　1/32
印　　张：11.625
字　　数：155 千字
书　　号：ISBN 978-7-5207-1123-4
定　　价：59.80 元
发行电话：（010）85924663　85924644　85924641